Empresas em
benefício do mundo:
Uma nova
consciência
nos negócios

Ideli L. Domingues

Empresas em benefício do mundo:
Uma nova consciência nos negócios

Editora Aquariana

©2011, Ideli L. Domingues

Edição de texto: Darlene Menconi
Revisão: Antonieta Canelas
Capa: Design CRV
Editoração eletrônica: Samuel de Jesus Leal

CIP – Brasil. Catalogação-na-Fonte
Sindicato Nacional dos Editores de Livros, RJ

C625b

L. Domingues, Ideli,-
Uma nova consciência nos negócios, empresa em benefício do mundo. 1.ed. - São Paulo : Aquariana, 2011.
200pg

ISBN 978-85-7217-146-5

1. Negócios - Empreendedores. 2. Desenvolvimento profissional I. Título.

11-6608. CDD: 869.94
CDU: 821.138.5(81)-1

25.10.11   31.10.11   030243

Direitos reservados
Editora Aquariana Ltda.
Rua Lacedemônia, 85 - Jardim Brasil
04634-020 - São Paulo-SP
Tel.: (11) 5031-1500 / Fax: (11) 5031-3462
vendas@aquariana.com.br
www.aquariana.com.br

Dedico esta obra, construída com muitas mãos, ao meu pai, Edgar (in memorian),
à minha mãe, Marietta, e ao meu irmão, Edgard Roberto (in memorian).
Sem eles eu, com certeza, não existiria do jeito que sou.

"Nenhum país é tão pequeno como o nosso. Nele só existem dois lugares: a cidade e a ilha.

A separá-los apenas um rio. Aquelas águas, porém, afastam mais que a sua própria distância. Entre um e outro lado reside um infinito. São duas nações mais longínquas que planetas.

Somos um povo, sim, mas de duas gentes, duas almas."

Mia Couto, 2003

Sumário

O SEGREDO DA MADEIRA 13

PREFÁCIO 15
O CAMINHO SE CONSTROI JUNTO – RODRIGO DA ROCHA LOURES   15

INTRODUÇÃO 21

ABRINDO AS CORTINAS PARA OS PROTAGONISTAS 25
IMAGENS E METÁFORAS DE UM FUTURO POSITIVO 27
VÍNCULO COMO BASE DA APRENDIZAGEM 29
A BELA ADORMECIDA EM TODOS NÓS 30
O RESGATE DO (PRINCÍPIO) FEMININO 32
SABEDORIA EM "AS MIL E UMA NOITES" 34
CONTAR HISTÓRIAS, UM RECURSO TERAPÊUTICO 36
O PODER TRANSFORMADOR DO DIÁLOGO 38
PROTAGONISMO: A ARTE DE FAZER ESCOLHAS 41
SUBMISSÃO AOS PADRÕES E PERDA DA ALMA 42
O TRABALHO COMO JORNADA HEROICA 44

COM A PALAVRA, OS ENTREVISTADOS 47

O FUTURO DOS NEGÓCIOS E DO MUNDO NA VISÃO DOS EXECUTIVOS 49
ROBERTO TEIXEIRA DA COSTA – Administrador, um estadista que pensa à frente 53

Jair Moggi – Economia e ecologia a serviço da transformação 56

André Leite Alckmin – Transcendência e aprendizado em mão dupla 59

Marco Antonio Berto – Sexto sentido para ver em si a oportunidade 62

Luiz Augusto de Castro – Conquista com luta e pouco idealismo 65

José Luiz Montiani Palma – Sustentabilidade e lucro: é mesmo possível? 68

Dóris Camacho – Atenção aos vínculos e ao meio ambiente 71

Sérgio Esteves – O papel dos negócios na inclusão humana 74

Os Empreendedores sociais como agentes de mudança social 76

Denise Alves Lopes Robles – Essência e autoconhecimento em foco 80

Ana Esteves – O bem comum nas decisões diárias 81

Valdir Cimino – Humanização, o alimento do espírito 86

Cibele de Macedo Salviatto – Bom para o mundo, melhor para mim 89

Padre Dilermando Cozatti – Rede de boa vontade contra a corrupção 92

Fábio Ribeiro – Formação de jovens como vantagem competitiva 95

Isabella Prata – A ilusão do sucesso profissional 97

Carmen Balhestero – Consciência, espiritualidade e sabedoria 100

Fernanda Bianchini – O aprendizado da realidade do outro 103

Tetsuo Nakagawa – Educação como investimento no futuro 105

Os Pensadores compartilham suas reflexões e ideias 107

Luiz Carlos Merege – Aliança entre sociedade, governo e empresa 110

Alfredo Behrens – O tempo das oliveiras e nossas meias vidas pela metade 113

Alessandra Giordano – Contos de fada como recurso de mudança 116

Marion Rauscher Gallbach – O robotizadeo modelo econômico masculino 119

MARIA LEONOR CUNHA GAYOTTO – Criando o próprio destino 122

AMADEU BERNARDO SILVA – Preservar apreciando a arte e o belo 125

ANA CRISTINA LIMONGI-FRANÇA – O sacrifício pela produtividade 128

REGINA SILVIA PACHECO – A organização como polo de encontros 131

JACQUELINE BRIGAGÃO – Ver para curar as feridas da desigualdade 134

ELIZABETE FRANCO – Preconceito, o extermínio pela "morte subjetiva" 137

SONHOS DE FUTURO E TEMAS ABORDADOS 140

A QUESTÃO DA SUSTENTABILIDADE 140

LUCRATIVIDADE E BEM-ESTAR 143

QUALIDADE DE VIDA NO TRABALHO 145

ESPIRITUALIDADE NOS NEGÓCIOS 148

QUOCIENTE DE INTELIGÊNCIA ESPIRITUAL, QS 151

DARTH VADER E A IMPORTÂNCIA DOS PREDADORES 153

O SENTIDO DA CRIAÇÃO, DA ARTE E DO ACOLHIMENTO 157

NOVOS VALORES DE BEM-ESTAR E DE SAÚDE 160

INTERCONEXÃO: VÍNCULO, COERÊNCIA E ESCUTA 161

ATITUDES CONCRETAS COM EDUCAÇÃO E INCLUSÃO 163

A CONSCIÊNCIA DE SI E OS NEGÓCIOS COM ALMA 164

LONGO PRAZO, A ARTE DE CULTIVAR OLIVEIRAS 165

FECHANDO AS CORTINAS 167

ANEXO I – PROTOCOLO DE ENTREVISTA 169

ANEXO II – INVESTIGAÇÃO APRECIATIVA 174

A ARTE DE CULTIVAR 179
AS TRÊS ROMÃS 182

REFERÊNCIAS BIBLIOGRÁFICAS 189

SOBRE A AUTORA 197

O segredo da madeira

Era uma vez um mestre carpinteiro que fazia objetos de madeira tão belos, que o imperador lhe perguntou qual o segredo de sua arte.

— Alteza — disse o carpinteiro —, não existe nenhum segredo. Mas eu posso lhe relatar como trabalho. É assim que eu começo: quando vou fazer uma mesa, primeiro reúno as energias e trago a mente para a quietude absoluta. Desconsidero qualquer recompensa a ser ganha ou fama a ser adquirida. Quando estou livre das influências de todas essas considerações exteriores, posso escutar a voz interna que me diz, claramente, o que devo fazer.

Quando minhas habilidades estão assim concentradas, pego meu machado. Asseguro-me de que ele esteja bem afiado, que se adapte à minha mão e balance com o meu braço. Então eu entro na floresta.

Procuro a árvore certa: aquela que está esperando para se tornar a minha mesa. E quando a encontro pergunto:

— O que eu tenho para você e o que você tem para mim?

Então corto a árvore e começo a trabalhar. Eu me lembro de como os meus mestres me ensinaram a coordenar minha habilidade e meu pensamento com as qualidades naturais da madeira.

O imperador disse:

— Quando a mesa está pronta tem um efeito mágico sobre mim. Não posso olhar para ela como olharia para qualquer outra mesa. Qual é natureza dessa mágica?

— Majestade — disse o carpinteiro —, o que o senhor chama de mágica vem apenas do que acabo de lhe contar.*

---

*Doo Ling, D. M. — "O segredo da madeira". In: *A way of working*. Nova York: Parabola Books, 1986, pp.xii-xiv. Apud: MACHADO, R. — *Acordais: fundamentos teórico-poéticos da arte de contar histórias*. São Paulo: DCL, 2004.

Prefácio

O caminho se constroi junto

"É importante romper as barreiras entre as pessoas para que possamos atuar como uma única inteligência."

David Bohm

Ao ler esta frase, fui tocado por uma sutileza inspiradora: ela fala em remover barreiras e não em construir pontes. Uma imagem que resgata nossa verdadeira natureza, de unidade e interdependência. No início de 1997 passei algumas semanas na Califórnia, imerso na aprendizagem do método de diálogo desenvolvido por David Bohm, um dos mais notáveis pesquisadores de física quântica, apontado por Albert Einstein como seu sucessor intelectual, e que mergulhou também no universo da neurociência. Durante uma década cultivou uma profícua parceria com o sábio indiano Krishnamurti, de onde resultaram seus inestimáveis estudos e recomendações sobre o diálogo. Foi desta trajetória complexa que resultou esta citação simples e profunda.

Ideli Domingues faz em seu trabalho um convite para a remoção de barreiras. Fruto de sua personalidade feminina e de sua formação que acolhe razão e emoção, lógica e poesia, Ideli demonstra neste livro um interesse genuíno pelo potencial humano e aplica um protocolo de entrevista apreciativa, uma inovadora metodologia para coletar as visões de futuro de executivos, empreendedores sociais e pensadores. Sobre este rico material, ela emprega sua experiência acadêmica e pessoal para interpretar o que os entrevistados pensam e sentem em sua missão de edificar uma sociedade mais justa, responsável e feliz.

A busca de Ideli se junta à de um crescente número de pessoas que refletem sobre o momento de macro-transição que vivemos, com conflitos em todas as esferas, que resistem a soluções paliativas, imposição de dogmas e fórmulas prontas. Neste contexto, cabe abordar os conflitos como fatores positivos de propulsão para a mudança, como manifestações da diversidade que se posicionam/articulam pela defesa de seus interesses, necessidades e sonhos e que reivindicam seu legítimo direito de ser e florescer.

Em vista disso, podemos compreender que o problema não está na existência do conflito, mas na forma como lidamos com ele. Podemos compreender o conflito como parte do processo evolutivo e, ao invés de evitá-lo ou suprimi-lo, buscarmos formas de aprender e compor a partir das diferenças. Este processo de construção desafia as estruturas normatizadas do poder, baseadas em comando e controle, e só se sustenta a partir do diálogo. Por isso, a frase de David Bohm é tão atual e o trabalho de Ideli, tão pertinente.

Se por muito tempo vivemos em territórios resguardados por fronteiras e muros, hoje nossa sobrevivência depende da capacidade de inclusão, integração e convívio. Uma realidade forjada por questões complexas, que exigem soluções sistêmicas. Sustentabilidade é o termo que, apesar do crescente risco de banalização, denomina um novo modelo de desenvolvimento baseado na inteligência e na vida individual e coletiva ocorrendo de forma simultânea e interconstitutiva. Será que podemos compreender o conceito de sustentabilidade como a mediação intrinsecamente ética (pautada pelo bem comum) dos conflitos econômicos, ambientais, sociais, culturais, políticos, científicos e espirituais? Se assim for, mais do que nunca é preciso estimular o diálogo autêntico entre nações, governos, ciências, gerações, setores e, principalmente, entre pessoas. A tecnologia da informação já nos oferece recursos de conexão quase ilimitados. Precisamos agora reaprender a conversar, com a qualidade que Humberto Maturana, PhD em Biologia pela Universidade de Harvard, descreve como "o princípio simples do diálogo atento", aquele que cria possibilidades de reflexão compartilhada, onde cada parte abdica de seus pressupostos e julgamentos e se abre para aprender com o novo, para ser influenciado. Um empenho consciente que traz resultados surpreendentes. A inovação, por exemplo, é um derivado valioso desta alquimia. Steven Johnson, autor de uma extensa pesquisa sobre inovação, confirma que "um fator histórico no aumento do volume de inovação é a conectividade crescente entre as pessoas".

É estimulante constatar a proliferação de iniciativas motivadas pelos princípios do desenvolvimento sustentável. Dentre muitos movimentos, cito um que tenho vivido: o BAWB – Business as an Agent of World Benefit (Empresas como Agente de Benefício para o Mundo), um programa de pesquisa mantido pela universidade americana Case Western Reserve, em Ohio, originado numa conferência de Investigação Apreciativa, em Baltimore, proferida um mês após o atentado das torres gêmeas em 11 de setembro de 2001.

Eu participei deste evento que tinha como principal objetivo identificar e disseminar experiências inovadoras, promovidas por empresas lucrativas que estão, corajosa e solidariamente, buscando soluções para conflitos de crenças, valores, opções de curto e longo prazo, escolhas entre lucratividade e bem comum, etc. O BAWB atua no universo corporativo por acreditar que as empresas na atualidade são agentes decisivos para a qualidade de vida no planeta.

Esta iniciativa inspirou o projeto e o título desta obra.

É sabido que novos patamares de consciência se desenvolvem concomitantemente com novas formas de linguagem. Um trocadilho em inglês sintetiza o poder da palavra nos sistemas humanos ao afirmar que "words create worlds"[1]. No caso do BAWB, a nova linguagem sempre esteve no cerne do projeto, pois o movimento tem como um de seus fundadores o pesquisador David Cooperrider, co-criador da Investigação Apreciativa (Appreciative Inquiry), metodologia que tem revolucionado a forma de atuar nos processos de mudança e

---

1. N.E.: "Palavras criam mundos", em tradução livre.

desenvolvimento organizacional e que é aplicada, parcialmente, por Ideli nesta pesquisa. O aspecto mais inovador da Investigação Apreciativa (IA) é ter o seu foco de atuação no potencial das pessoas, na crença de que podemos, a qualquer momento, acessar nossa capacidade de fazer mais e melhor. Desde a minha primeira experiência com a IA, em 1997, na Nutrimental, e depois, em diversos projetos na Federação das Indústrias do Paraná – FIEP, registrei resultados extraordinários e atesto que o pensar e o agir de forma apreciativa são ingredientes primordiais para a qualidade das relações e para a realização de metas desafiadoras.

É ao apreciar o outro e a nós mesmos que percebemos e valorizamos o que nos une. Entramos em contato com nossos valores, virtudes, sonhos e com o campo de possibilidades que rompe barreiras e, como diz Bohm, nos permite atuar "como uma única inteligência". Quando estamos juntos e somos movidos por uma causa, podemos, mesmo diante do desconhecido, transformar medo em esperança, e isso faz toda a diferença. Richard Boyatzis, PhD em comportamento organizacional e ciência cognitiva, comprovou em anos de estudos que quando somos tomados pelo medo e pelo estresse (ativação do Sistema Nervoso Simpático), perdemos a capacidade de aprender, nos tornamos menos flexíveis, depressivos e muitas vezes paralisados diante da vida que, assim, perde o "brilho" e o sentido. Em contrapartida, esclarece Boyatzis, quando nos sentimos engajados e cheios de esperança, nossa química natural (ativação do Sistema Nervoso Parassimpático), responde produzindo entusiasmo, energia, clareza, iniciativa, compaixão e boa vontade. Por estas e outras evidências, conclui o cientista, a esperança é muito mais eficiente do que o medo, pois produz melhores resultados, em menos tempo e com menor desgaste. No pacote de vantagens, podemos incluir o fato de as emoções serem, comprovadamente, contagiosas.

Já sabemos o suficiente sobre os riscos que corremos. A qualidade de vida das próximas gerações depende da nossa capacidade de integrar, a partir do diálogo e da mediação consciente, poder econômico, tecnologia e sabedoria, provocando a nossa *serendipity*, termo usado pelos cientistas para designar a propensão humana de fazer grandes descobertas, mesmo que involuntariamente. Faz parte do nosso processo evolutivo.

Precisamos, mais do que nunca, agir com inteligência e eficácia, permanentemente conscientes da natureza relacional da vida. Com uma inteligência "única", que é produto de estar junto e em comunhão, e com a eficiência, que é o estado natural dos que têm esperança. Este trabalho de Ideli abre uma trilha nesta direção.

Rodrigo da Rocha Loures

Sócio-fundador da Nutrimental e autor de "Sustentabilidade XXI – Educar e Inovar sob uma Nova Consciência." Presidente do Sistema das Indústrias do Estado do Paraná (FIEP) entre 2003 e 2011.

Introdução

Primeiramente, gostaria de agradecer ao apoio do GV-Pesquisa da Fundação Getúlio Vargas de São Paulo, que financiou este trabalho, sem o qual ele teria sido impossível. Ao apoio do Sistema FIEP – Federação das Indústrias do Estado do Paraná, na figura de seu Presidente de 2003 a 2011, Rodrigo da Rocha Loures, cuja sensibilidade e visão de futuro permitiram esta edição. Pioneiro na aplicação da metodologia de Investigação Apreciativa no Brasil, Loures gentilmente me abriu as portas ao universo do BAWB, sigla em inglês para Empresas como Agente de Benefício para o Mundo, movimento que lidera no continente sul-americano, a partir do Global Fórum América Latina – GFAL.

Agradeço também ao grupo de pesquisa de Gestão Sócio-Ambiental da Escola de Administração de Empresas de São Paulo (FGV-EAESP) e, em especial, ao Prof. Dr. José Carlos Barbieri, colaborando com indicações bibliográficas e sugestões preciosas.

Este livro teve origem no ambiente acadêmico, por meio de uma pesquisa cujo objetivo era explorar os fatores comuns das visões de futuro de três segmentos da comunidade paulistana – Executivos, Empreendedores e Pensadores –, especialmente, no que dizia respeito às possíveis alianças cooperativas entre o mundo dos negócios e a sociedade como um todo, além de traçar as estratégias utilizadas para concretizá-las.

No entanto, as histórias que ouvi e que me encantaram, profundamente, ficaram ressoando dentro de mim como um gongo imenso e forte! A seguir, uma de minhas batalhas foi compor um texto que fizesse deste livro uma conversa com o leitor, de tal maneira que ele pudesse se voltar para dentro de si, reconhecer aspectos das histórias lidas em sua própria história, questões antes não percebidas; clarear perguntas ou descobrir novas inquietações e prazerosas possibilidades para viver seus negócios, bem como sonhos profissionais e pessoais.

Como, então, iniciar esta apresentação para o público? Optei por fazê-lo como contadora (ou, mais propriamente, re-contadora) de histórias que sou, com emoções, encantamentos, sonhos e por que não com magia? Mas, na minha história há marcas da academia, da psicologia social, da arteterapia, dos grupos, dos indivíduos, da educação, do consultório.

Em realidade, esta obra teve seu gérmen antes. A primeira semente foi lançada na cidade de Paraibuna, no interior de São Paulo, em 2003, durante um encontro com o especialista em comportamento organizacional, o americano David Cooperrider, da Weatherhead School of Management, da Case Western Reserve University de Cleveland, Ohio, e o consultor australiano Ken O'Donnell, diretor para a América Latina da Brahma Kumaris, organização não-governamental que trabalha na área de educação de valores. Ambos acompanhados pelo empresário Rodrigo da Rocha Loures e pelos funcionários da Nutrimental, empresa alimentícia instalada na região metropolitana de Curitiba, no Paraná, detentora de marcas como a Nutry, da qual Loures foi um dos fundadores, em 1968. Nessa oportunidade, a escritora e bióloga evolucionista greco-americana Elizabet Sahtouris[2] apresentou a relevância dos sistemas biológicos para desenhar as estruturas organizacionais.

Eu me senti comungando ideias, sentimentos e sonhos. No mesmo ano estive em Cleveland, na escola de negócios Weatherhead, em um encontro chamado New Designs in Transformative Cooperation, para apresentar um trabalho em que meus alunos

---

[2] Escritora, consultora e futurista dedicada a mostrar a relevância dos sistemas biológicos para o desenho organizacional, é *fellow* do Word Business Academy.

do curso de graduação na Fundação Getúlio Vargas (FGV-SP) foram a campo usando a entrevista apreciativa. Assim comecei a me aproximar e me apropriar, mais intimamente, de uma das etapas da metodologia que utilizei nesta obra, a Investigação Apreciativa, desenvolvida por David Cooperrider, articulada à visão da psicologia social de Enrique Pichon-Rivière que desenvolvia, na qualidade de sócio-fundadora do Instituto Pichon-Rivière de São Paulo.

A pesquisa acadêmica que iniciei para a FGV-SP foi extensa e intensa, pois li e reli várias vezes cada entrevista realizada. Ela iniciou em 2003 e foi concluída em 2009. A cada leitura das entrevistas feitas por conta do estudo, era como se eu conversasse com aquelas pessoas e fosse tecendo uma história que se entrelaçava com a minha. Não preciso dizer o quanto me emocionei e o quanto cortei, recortei, montei e desmontei os discursos.

Tive interlocutores importantíssimos nesse trabalho: Maria Leila Palma Pellegrinelli, mestre em Educação pela Pontifícia Universidade Católica (PUC-SP), professora universitária, consultora e assessora educacional, especialista em coordenação de grupos operativos, e Maria Fernanda Teixeira da Costa, facilitadora de processos de mudança, aprendizagem organizacional e desenvolvimento de liderança consciente, administradora de empresas e mestre em Psicologia Social. Com ambas construí o projeto de pesquisa, elas realizaram grande parte das entrevistas e me sugeriram como prosseguir. Dileide Moreira, administradora, psicóloga, consultora em RH, especialista em coordenação de grupos operativos pelo Instituto Pichon-Rivière de São Paulo (IPR-SP), também fez parte da equipe de entrevistadoras e trouxe pontos relevantes ao trabalho, além de sugerir entrevistados. Luis Fernando Palma Pellegrinelli, jornalista, transcreveu parte do trabalho.

Maria Teresa Lubisco, tradutora bilíngue, além de transcrever fitas, me acompanhou em todas as mudanças feitas no tratamento dos dados (e foram inúmeras!) para chegar à síntese que apresento. Ela atuou como o "advogado do diabo", e, me apontou trechos das entrevistas que eu havia omitido, mas que davam "aquele sabor" ao texto como um todo. Foi uma co-ordenadora de ideias.

Darlene Menconi, jornalista que, pacientemente, me ouviu e ajudou a formatar este trabalho em uma linguagem menos acadêmica, para o público em geral, cuja sintonia e sensibilidade, no processo de edição deste livro, foram muito importantes, pois me permitiram destacar trechos que, de outra maneira, ficariam ocultos.

O texto que se segue tem um percurso. A todos os segmentos que participaram, os Executivos, os Empreendedores e os Pensadores, foi inquirido sobre os momentos de suas vidas que, a despeito dos desafios, os fizeram se sentir vivos, engajados e motivados. Também lhes foi perguntado como imaginavam o mundo daqui a dez anos nas diferentes áreas e, sobretudo, quais estratégias usavam, no presente, para que o futuro desejado se concretizasse. O questionário se encontra no final deste livro.

Antes de proceder à apresentação dos protagonistas – os entrevistados –, há de início o referencial teórico e a metodologia, em que exploro o modelo de Investigação Apreciativa e suas conexões com o referencial teórico da psicologia social de Pichon-Rivière. Na sequência, o meu entendimento do trabalho como heroísmo, a submissão aos padrões e a perda da alma – o ato não-protagônico –, ou seja, o anti-herói; o trabalho como jornada heroica, e as entrevistas.

Nas considerações finais arrumo a casa, faço o entrelaçamento dos três segmentos de entrevistados, comento sobre os temas comuns que emergiram, como educação, sustentabilidade e espiritualidade e as sugestões propostas. Por último, o anexo com o questionário acrescido de algumas explanações sobre o processo de Investigação Apreciativa, bem como a origem do movimento das Empresas como Agente de Benefício para o Mundo.

Boa leitura.

Abrindo as cortinas para os protagonistas

A estrutura social que nos rodeia é internalizada individualmente e, portanto, absorvida pelas pessoas a partir dos vínculos sociais, considerando-se o grupo familiar como o mediador desse processo. A posterior inserção na escola, na comunidade, no trabalho, entre outros espaços sociais, atenuará, confirmará ou transformará as contradições e a estrutura dos primeiros vínculos. Seguimos paradigmas e as organizações também. Havendo uma alteração nos paradigmas vigentes, as empresas precisam criar sistemas colaborativos coerentes com essa situação. Por isso, se faz necessário um suporte a elas – as organizações –, à medida que se instaure um diálogo inovador e genuíno.

O centro americano *Business as an Agent of World Benefit* (Empresas como Agente de Benefício para o Mundo, ou BAWB na sigla em inglês), da Case Western Reserve University de Cleveland, Ohio, dedica-se ao estudo e ao desenvolvimento de organizações e lideranças mundiais para tratar de questões globais, complexas e urgentes do nosso tempo, como sustentabilidade, liderança e abordagem apreciativa à mudança. Seus estudos são realizados a partir da Investigação Apreciativa, ou *Appreciative Inquiry* (AI, na sigla em inglês), uma nova abordagem dos processos de mudança organizacional, desenvolvida pelo americano David Cooperrider e baseada no pressuposto de que toda organização possui algo que funciona. Essas qualidades podem ser o ponto de partida para a criação de uma mudança positiva.

Significa dizer que é possível concretizar ideias e sonhos de um mundo melhor a partir da visão de seus próprios colaboradores.

A metodologia apreciativa é baseada na crença de que os sistemas humanos são construídos e imaginados por aqueles que neles atuam e a realidade futura, além de permeável, é aberta às influências provocadas pelo pensamento. Dessa maneira, podemos fazer escolhas sobre a evolução consciente do futuro, visto que criamos nossas realidades por meio de processos simbólicos e mentais. Os especialistas em comportamento organizacional, da Case Western Reserve defendem que a imaginação positiva de futuro, como base coletiva, pode ser uma atividade significativa para indivíduos e organizações ajudarem a realizar um futuro positivo. O que colocam em prática é a capacidade de escuta e reflexão coletiva. No processo apreciativo, as pessoas participam de diálogos durante os quais compartilham histórias sobre suas realizações do passado e do presente, seus potenciais e pensamentos elevados, além de discutir sobre oportunidades, características únicas, valores, competências e possibilidades futuras. O método propicia a criação de um elo de identificação com o que há de comum e mais precioso entre as pessoas envolvidas.[3]

Compartilhar histórias de vida gera um vínculo afetivo poderoso, uma sensação de continuidade e conexão com o outro e também com seus predecessores, facilitando a coesão grupal.[4] E, por último, as histórias possuem uma força sobre o próprio sujeito que as relata, revivendo seus momentos de dificuldade e superação, como também por quem as ouve, curando feridas do passado e do presente. Os relatos dos entrevistados, por serem histórias vivas, abrem importantes indagações e perspectivas. As perguntas suscitadas pela Investigação Apreciativa[5] tinham o propósito de inspirar a imaginação dos sujeitos, gerando novas possibilidades.

---

[3] COOPERRIDER; WHITNEY; SORENSEN JR; YAGER, 2000; COOPERRIDER, 2003.
[4] BUSHE, 2000; PICHON-RIVIÈRE, 1991.
[5] Traduzido do site http://appreciativeinquiry.case.edu. Acesso: 20 fev. 2002, vide Anexo I.

Com uma abordagem voltada para análise organizacional, a metodologia apreciativa difere das visões tradicionais de solução, que envolvem a identificação dos problemas-chave da organização, a análise de suas causas, a busca de soluções e o desenho dos planos de ação. Nesse modelo convencional, a organização é percebida como um problema a ser resolvido. Já a apreciação é um processo poiético que se alicerça não na dificuldade, mas na afirmação de valores calcados na crença, na confiança e na convicção. É uma metodologia que propicia a aprendizagem no ambiente, que fomenta a esperança e gera nas pessoas um movimento para indagar além das aparências superficiais. Não se atém ao que é, mas ao que poderia ser, estimulando a criação de novas possibilidades para o mundo.

Imagens e metáforas de um futuro positivo

As experiências são abordadas por nós via metáforas – imagens e conteúdos que a elas se referem de forma não diretamente percebida, tal como a poesia e as iconografias. A Idade Média, correspondendo à época das trevas, foi a era do obscurantismo, o que nos leva a concebê-la como um momento obtuso, escuro, semelhante a uma prisão. Já o Renascimento se apresenta como algo que convida a luz do sol a entrar. Quando essas imagens – metáforas – se renovam em função de novos olhares e significados, que fazem parte de nosso cotidiano, novas metáforas são criadas. Portanto, o trabalho de reflexão, de relembrar feitos positivos e abrir campos imaginários para acolher o futuro e as novas cenas que culminam na concretização, promove espaços capazes de acolher novas metáforas.

Essas novas metáforas são geradoras de processos e movimentos que, por sua vez, irão provocar formas singulares de intervenção grupal e maneiras originais de lidar com os conflitos interpessoais, intergrupais e interorganizacionais. As pessoas, por meio dessas metáforas geradas no processo de Investigação Apreciativa, são guiadas para as suas áreas de força e não para as de dificuldade, acionadas apenas para resolver problemas. Significa dizer que não bastam respostas adaptativas!

Esse é um aspecto relevante, uma vez que cria demanda para o despontar de paradigmas mais robustos que suportem os efeitos dessas mudanças. Foi justamente essa a questão que o pai da administração moderna, o austríaco Peter Drucker (1909-2005), lançou ao criador da metodologia apreciativa, o americano David Cooperrider.

Esse tão influente pensador dos últimos tempos, indagou se a sociedade estaria preparada para viver essa nova situação. Ele questionou se os paradigmas atuais da sociedade poderiam dar conta da proposta da Investigação Apreciativa, que explora o melhor e o mais potente em cada ser humano?[6] Será estamos preparados para viver o melhor de nós?

No processo de Investigação Apreciativa, ao retomar um momento positivo em sua história de vida, o sujeito pode se apropriar de sua atuação, que pode ter sido, ou não, valorizada publicamente, ou mesmo pelo próprio protagonista, na ocasião em que aconteceu. Assim, pode ocorrer uma ampliação da consciência e potência, por meio de uma nova articulação entre realidade objetiva e subjetiva. Esse resgate possibilita ao sujeito utilizar-se de uma estratégia de sucesso que pode estar adormecida ou, então, favorecer um questionamento de seus propósitos.

É importante lembrar que o questionário não inclui apenas a volta ao passado, ou o relato do presente, mas solicita um projetar-se no futuro. Sendo assim, além de indagar e refletir, a metodologia apreciativa prevê a elaboração e a criação de caminhos para a mudança não apenas organizacional, mas do conjunto da sociedade, o que implica construir conhecimento alicerçado em ações condizentes com essa potencialidade e com imagens de

---

[6] COOPERRIDER, David. Peter Drucker's Advice for Us on the New AI Project: Business as an Agent of World Benefit. Appreciative Inquiry Commons. Disponível em <http://appreciativeinquiry.case.edu/intro/commentMar03.cfm>. Acesso em 10 dez 2008.

futuro. Por visão de futuro entendemos as imagens de um futuro desejado, ou não, o que inclui a visualização de possibilidades e obstáculos a serem enfrentados.

Pela metodologia apreciativa, a visão de futuro é solicitada após a reflexão sobre os pontos altos da vida da pessoa e, nesse sentido, reflete uma visão positiva de futuro. No caminho de construção da percepção nos deparamos com a metáfora, que propicia uma reorganização de processos perceptivos. Diante dessa dinâmica, chegamos à proposta de incentivar um diálogo genuíno em torno da construção de ideias inovadoras e criativas para o futuro da organização. No entanto, as metáforas geradoras são um convite para olhar o mundo sob uma nova perspectiva: é necessário um ambiente que encoraje as pessoas a criarem hábitos nessa direção.

Vínculo como base da aprendizagem

Podemos acrescentar que, se nossa cultura precisa adquirir novos paradigmas, pressupomos que a maneira de pensar, sentir e agir com o outro também precisa passar por uma reformulação. Referimo-nos aos vínculos de outra qualidade, que implicam um novo compromisso, uma reciprocidade genuína e, portanto, a construção de um novo corpo de conhecimentos sobre si próprio, sobre as relações de pares, sobre o mundo externo e o interno, sobre o sentido e a qualidade da vida em todos os âmbitos, enfim sobre a gestão socioambiental e a produção, enquanto coletividade.

O objetivo do estudo relatado a seguir é explorar a conexão do modelo de Investigação Apreciativa articulado ao referencial teórico da psicologia social do psiquiatra suíço Enrique Pichon--Rivière, radicado na Argentina. Ambas as abordagens focam a atenção na potência humana, investem na tomada de consciência do processo protagônico dos sujeitos envolvidos na organização e na possibilidade de transformarem seu projeto de vida profissional. Há uma convergência na visão de um mundo que solicita maior aprofundamento na investigação de outras conexões possíveis, tais como a importância tanto do vínculo, quanto do diálogo na apresentação de si mesmo e na percepção de sua inserção no mundo; o contar histórias como uma revisitação de suas experiências e a construção contínua da vida, ou seja, dos protagonismos.

O referencial teórico de Pichon-Rivière identifica o vínculo como eixo norteador das relações. Por vínculo entendemos o processo de comunicação e aprendizagem que ocorre quando o sujeito, ao apreender um novo conteúdo (seja conhecimento através de um livro, no contato com um professor, uma autoridade, uma entrevista, enfim, com alguém significativo) tem a possibilidade de transformá-lo e também de modificar a si mesmo. A aprendizagem da realidade ocorre por meio de comparações, confrontos, manejo de conflitos e soluções integradoras.

Nesse sentido, aprender não é obedecer ou simplesmente imitar, nem tampouco esperar que os outros sejam meros reprodutores especulares de nossos desejos, anseios, motivos ou obstáculos. Aprender é tornar algo próprio, e como tal, pode-se utilizá-lo em diferentes situações para operar mudanças. O desejo é que esses pensamentos teóricos contribuam para a qualidade de vida no ambiente de trabalho, e para a criação de uma nova visão do universo empresarial.

A Bela Adormecida em todos nós

Este novo mundo precisa de novas metáforas. Metáforas essas que podemos criar e co-criar por meio de nossas histórias vividas e repensadas no sentido do conjunto, isto é, co-interpretadas, co--ressignificadas. Um mundo sustentável pressupõe relações humanas sustentáveis. Quando os aspectos econômicos, os riscos e a sobrevivência das organizações ganham evidência, em detrimento de questões relacionadas à natureza humana, podemos entender que há uma contribuição para o sofrimento individual.

Sendo assim, lançamos a seguinte questão: de que ser humano falamos? Um ser só racional e pensante? Se nas organizações as emoções não podem ser incluídas ao se considerar o homem ou a mulher em sua totalidade, a leitura do sistema de relações do qual as emoções fazem parte estará fragmentada, podendo haver consequências para as relações interpessoais presentes no cotidiano das corporações. Se o indivíduo não ouve a si mesmo, pode estar a caminho de um colapso. Passa a não escutar os motivos de seu corpo e os aspectos mais essenciais de seu ser, seguindo regras ditadas pelo mundo externo e que não possuem ressonâncias em si mesmo. Prefere adequar-se às medidas culturais e sociais.

É necessário compreender que nossa natureza humana inclui predadores, monstros ou bandidos arquetípicos, cujo objetivo é banir movimentos que revitalizem o indivíduo ou os grupos sociais, que os renovem e os façam incluir aquilo que não é acessado racionalmente, mas intuitivamente, impedindo movimentos de integração do novo, de transformação e exclusão do antigo, ou do que não é mais útil. Há uma dualidade presente e percebida nos movimentos de resistência, muitas vezes ferozes, que se opõem às mudanças mais intensas e genuínas. O processo de enfraquecimento desses predadores, que se alojam na psique individual e coletiva, consiste em caminhar segundo as próprias verdades, reconhecer os processos intuitivos e, no enfrentamento das situações, se nutrir da riqueza dos desafios.

De forma preciosa, a escritora inglesa Pamela Travers, criadora da personagem Mary Poppins, apresenta algumas reflexões a respeito da história antiga e conhecida de "A Bela Adormecida". Diante de tantas catástrofes naturais e guerras, roubos, corrupção, assassinatos e violência presentes em nosso cotidiano, ela argumenta que parecemos estar com um olhar dormente, como no sono profundo de Aurora, a Bela Adormecida, onde tudo fenece à sua volta. Não seria esse o sentido da frase do conto: "Quando ela dorme tudo ao seu redor adormece. E, quando ela acorda, seu mundo acorda com ela"?[7] Algumas indagações, colocadas por meio dessa história podem, perfeitamente, se aplicar a este livro: quem virá, finalmente, nos acordar? E qual dos nossos aspectos será acordado? Estamos em um sono profundo, com

---

[7] TRAVERS, 1975, p.60. Tradução nossa.

nossa alma fechada a tudo o que nos é externo e que cerca a nossa vida? Existe algo que, se não acordar, não dará sentido à vida? Seria, esse algo, a falta de clareza do sonho coletivo do mundo contemporâneo?

Talvez esse encontro entre príncipe e princesa seja o símbolo do encontro entre homem e mulher, entre o feminino e o masculino em nós, ou nossa integração enquanto coletividade, enquanto humanidade, de forma mais harmonizada e feliz para todo o reino.

O resgate do (princípio) feminino

A sabedoria das histórias antigas pode ensinar a obter sucesso em tempos de mudança radical, não somente no trabalho, mas em direção a uma nova era, cuja forma está ainda por ser definida. As histórias podem nos oferecer múltiplas imagens e sentidos. Diversos mundos podem ser descortinados por meio delas, pois trazem em seu bojo o que Assia Djebar denominou "a palavra plural"[8]. A escritora usa o termo para designar a palavra com a qual as histórias são transmitidas e compõem a voz da memória coletiva. Em um de seus romances, que busca reescrever a história da conquista da Argélia, a escritora utiliza, além do ponto de vista dos conquistadores franceses, a visão dos fatos contada por suas ancestrais. Dá a palavra não somente à memória coletiva, por meio dessas mulheres, mas também à contestação feminina.

Ao pretender transformar sua escritura no "som da palavra perdida", como ela define, a romancista rompe outro grande silêncio: o silêncio da história oficial, a história relatada pelos homens e da qual a mulher é excluída.[9] A escritora toca, metaforicamente, em suas obras, não só nas mulheres árabes, mas em todos nós, mulheres ou homens excluídos de sua forma de ser, pensar,

---

[8] Comunicação feita na Universidade de Heidelberg, na Alemanha, em maio de 1989. In Cahiers d´etudes maghrébines, p.7.
[9] DJEBAR, apud SOARES, 1995, p.50

sentir quando não podemos operar de forma complementar, o que se realiza nessa convivência. Não apenas sofrendo a imposição, mas formando a "derra", que em árabe significa ferida. É a ferida da mulher, do feminino, ou da parte sensível que não pode insurgir e deve silenciar? Ao enfatizar o diálogo de imagens, de futuro, de sustentabilidade da vida, os romances de Assia Djebar nos incitam a olhar, a dar passagem para esse princípio feminino.

Em "O violino cigano – e outros contos de mulheres sábias"[10], a contadora de histórias Regina Machado descreve, de maneira bela e precisa, o sentido desse feminino. Para ela, há qualidades percebidas como femininas que não se restringem às mulheres, aos homens ou às pessoas de uma maneira geral, mas se encontram nos espaços que nos circundam, nos objetos presentes em nosso cotidiano, e também, por incrível que pareça, nas formas da natureza e nos modos de agir e perceber o mundo. "São atributos como: receptividade, eloquência, sensibilidade, paciência, fecundidade, espera, concavidade, leveza, maciez, umidade, calor e proteção", diz Regina. Se fizéssemos uso de imagens para identificá-las, ela escreve, poderíamos dizer "lago e não rio, gruta e não planície, terra e não chuva, cheio de atalhos e não direto. O nosso lado acolhedor, sensível, feminino".

Sob esse ponto de vista, nosso mundo é povoado pelo simbólico que retrata esse aspecto feminino, ou mais propriamente, humano. É nas histórias de tradição oral que podemos ver descrita a nossa humanidade. As histórias possuem uma força sobre o próprio sujeito que as relata, e revive seus momentos de dificuldade e superação, mas também por quem as ouve. A analista junguiana Clarissa Pinkola Estés, autora de "Mulheres que correm com os lobos"[11], fala de como a maioria das muitas histórias que sua família lhe ensinou não foi usada como simples diversão. Tinham a concepção e o tratamento de um grande grupo de cura, exigiam preparação espiritual e também certos insights não só por parte de quem as contava, mas também de quem as ouvia. Para ela,

---

[10] MACHADO, 2004, p.9.
[11] ESTÉS, 1998.

o objetivo principal era "instruir e embelezar a vida da alma e do mundo"[12]. Tendo em vista esse modo de pensar, nenhum de nós pode considerar seu território soberano. Tudo chega à consciência por meio da palavra, com sua carga valorativa e emocional.

As histórias mais poderosas nascem como fruto do sofrimento árduo de um grupo ou um indivíduo e são, muitas vezes, geradas na aflição. "No entanto, por paradoxal que seja, essas histórias, que brotam do sofrimento profundo, podem fornecer curas mais poderosas para os males passados, presentes e futuros"[13], escreve Clarissa. Funcionam como um campo gravitacional forte para manter um grupo coeso, gerando um tecido robusto que aquece as noites espirituais e emocionais mais frias.

Sabedoria em "As Mil e Uma Noites"

Sempre que alguém se depara com as páginas de "As Mil e Uma Noites" (KHAWAN, 1991), em que a personagem Cheherazade conta histórias ao sultão Chahriar, chamam a atenção de imediato o encantamento e a magia. No entanto, essa é uma história que contém dor e sofrimento. A dor que o sultão tão poderoso sentiu ao saber que sua mulher o traía e se ampliou com a revelação de seu irmão sobre a traição da sua própria esposa. Nesse cenário, configura-se, portanto, o argumento de que as mulheres são infiéis. Sendo assim, o sultão Chahriar quis, de forma adoecida, vingar-se em todas as representantes de sua mulher, suas novas esposas, matando-as depois de viver o amor com elas. Dessa maneira, inviabilizava o contato com esse feminino, impedia o aprofundamento da relação, mas protegia-se da infidelidade. Cheherazade, a impetuosa filha do grão-vizir, com sua inteligência, perspicácia, coragem, entrega e amor, liberta o feminino submisso das mulheres de Chahriar e traz o bálsamo para sua ferida.

---

[12] ESTÉS, 1998, p. 10.
[13] Ibidem.

Por que ele trocava a vida de uma mulher por uma palavra? Que palavra era aquela que continha alimento para a alma tão ressentida de Chahriar? De que lugar aquela palavra de Cheherazade se alimentava a ponto de nutrir a alma do sultão? Constantemente, o ser humano experimenta algo que se assemelha à passagem do herói do conto de fadas, um reino que é mágico, permeado de encantos, o qual deve ser transformado, passando por uma libertação e nos elevando a um nível que supera o trivial. A fala de Cheherazade ao final de uma narração ao Sultão Chahriar pode nos esclarecer: "Ó rei! estas lendas estão cheias de significado misterioso, que somente os iniciados conhecem".[14]

Era preciso que Cheherazade lesse as próprias imagens internas, que se transformavam em seu alimento, na seiva invisível que nutria suas palavras, para saber ler e acolher a necessidade do sultão Chahriar, não revelada para ele mesmo. Ela sabia, nesse cenário inóspito, decifrar o que era essencial a ele, do que era secundário. Ela o alimentou não apenas com seu corpo, porém, essencialmente, com sua alma.[15] Cheherazade bebia da fonte interna, entregava-se à sabedoria de seu coração e criava histórias conduzidas por aquele homem ferido. Sua vida e a de muitas mulheres dependiam disso: da sabedoria de suas vísceras, que se manifestava em sua fala.

A narrativa oral é carregada de corporeidade. A professora de teoria literária da Universidade de São Paulo (USP), Adélia Bezerra de Meneses escreve que "a Palavra é corpo. Modulada pela voz humana, e portanto carregada de marcas corporais; carregada de valor significante".[16] E deixa ainda uma questão: "Que é a voz humana senão um sopro (pneuma: espírito...) que atravessa os labirintos dos órgãos da fala, carregando as marcas cálidas de um corpo humano?"[17]

---

[14] DIECKMANN, 1986, p. 15.
[15] GIORDANO, 2007.
[16] MENESES, 2004.
[17] Ibidem, p.54-55.

Contar histórias, um recurso terapêutico

O psicanalista francês René Kaës argumenta que o universo fantástico do conto possui funções mediadoras na vida psíquica, tanto por suas qualidades estruturais internas, quanto pela utilização de dispositivos que objetivam o restabelecimento de articulações internas do sujeito. Isso significa dizer que o conto, em sua origem, foi fruto de ligação entre as pessoas, ou seja, havia vínculos grupais que o nutriam. O uso do conto tem a ver com o projeto de estabelecer (ou restabelecer) as condições de um mundo que sofreu descontinuidade ou instabilidade psíquica, como no caso de uma separação, um conflito ou uma diversidade qualquer. Essa função de ponte entre situações da vida pode ser exercida por um sujeito, uma instância ou um mediador, no caso o conto, ou por uma enorme variedade de objetos que fazem esse papel de articulação entre realidade externa ao sujeito e seu mundo interior.[18]

Em seu trabalho com crianças separadas dos pais e vivendo em abrigos públicos, o psicoterapeuta brasileiro Celso Gutfreind[19] afirma que a arte funciona como um mediador, por intermédio dos contos, que são objetos artísticos por excelência. Uma de suas conclusões é que "oferecer histórias a uma criança é promover um programa eficiente de saúde mental".[20] O psicanalista cita o filósofo francês Jean-Paul Sartre que, em sua obra "Les Mots" (As Palavras, de 1964), refere-se à ajuda das palavras "para preencher, por meio das imagens tecidas em torno de seu avô, o vazio causado pela ausência do pai".[21] Enfim, as histórias podem ser um instrumento para reparar mundos estilhaçados, ou uma possibilidade de contato com temas que envolvem temores e fantasias que podem, via conto, serem representados, diminuindo assim as pulsões.

Os contos como instrumento terapêutico começam a surgir logo depois da prática do austríaco Sigmund Freud, fundador

---

[18] KAËS, 1996, p. III.
[19] GUTFREIND, 2003, p.11-12.
[20] Ibidem.
[21] Ibidem, p.33.

da Psicanálise, e de seus discípulos. Embora sejam conhecidos os efeitos catárticos das tragédias gregas, que levam o leitor a se identificar com os personagens apresentados, um ponto interessante é que os contos foram feitos por adultos e para adultos e, somente a partir do século XVI, com o escritor francês Charles Perrault, começam a se dirigir às crianças.[22] Em suma, as histórias podem possibilitar o acesso ao mundo simbólico, onde há conteúdos que se apresentam difusos para as pessoas e, dessa maneira, por meio dos contos da tradição oral, eles podem encontrar um caminho de acesso para se expressar e chegar à consciência.

No plano do mundo interno, o presente, o passado e o futuro se misturam, não sendo tão claramente delimitados. Fato este que se torna evidente quando se assiste a um filme e a cena nos faz chorar, evocando questões adormecidas dentro de nós. Outra característica desse mundo é a estrutura dramática, ou seja, há personagens articulados em cenas de uma história na qual desempenham seus papéis. Isso significa que há expectativas em relação ao desempenho do outro e de si mesmo. Nosso mundo interno é feito de relações: quando nos lembramos de nós – ou de alguém – sempre o fazemos em algum contexto. Por exemplo, um cheiro lembra uma época da infância, ou alguém que esteve conosco em tal dia. Sempre há uma história na qual nos inserimos, uma relação da qual fazemos parte.

Ao atuarmos no mundo externo, que também pode ter uma estrutura dramática, estas cenas – interna e externa – podem se misturar. Não há uma mescla apenas de cenas, mas de emoções que se articulam a elas. Muitas vezes, o vivido no universo fora de nós – mundo objetivo – provoca, ou mais propriamente, mobiliza conteúdos internos. O mundo externo (objetivo) invoca aquelas situações (ou cenas) guardadas no mundo interno. As condutas, dessa forma, traduzem a articulação – nem sempre de fácil compreensão – de questões internas disparadas pelas externas.

---

[22] Ibidem, p. 24.

Embora inicialmente o atrativo de um conto de fadas possa estar em sua capacidade de encantar e entreter, seu valor reside no poder de ajudar a lidar com os conflitos internos. Ao contarmos nossas histórias, também nos apropriamos de nossos feitos e permitimos que os outros conheçam o nosso estilo de atuação e a nossa potência. Algumas situações impedem as pessoas de assumirem sua identidade, e as eximem do compromisso com um projeto de vida. Entretanto há circunstâncias que possibilitam a atenuação de medos básicos (como o medo de perda do que já foi conquistado pelo sujeito, e o medo de ataque diante da vulnerabilidade que essa perda provoca), em que o sujeito pode modificar sua reação frente à mudança, tornando-se menos resistente.

O relato dos entrevistados desta obra compõe uma colcha de retalhos, com aspectos implícitos. São histórias de mensageiros que trazem à luz suas questões próprias, mas também revelam perspectivas do coletivo com o qual estão interligados na rede de vínculos, na rede social, sem que, em um primeiro instante, esse coletivo se dê conta, nem eles próprios. Sob esse ângulo, embasando-se em Pichon-Rivière, há referência a um famoso trecho do poeta inglês John Donne: "Ninguém é uma ilha completa em si mesma; todo homem é um fragmento do continente, uma parte do todo; se o mar arrebata um penhasco, é a Espanha quem sofre a perda. O mesmo se se tratar de um promontório, de uma fazenda de seus amigos ou da sua própria, a morte de um homem me diminui porque estou inserido na humanidade, e por isso nunca me pergunte por quem os sinos dobram: dobram por você." [23]

O poder transformador do diálogo

Ao ouvir alguém e trocar experiências de vida, realizamos um diálogo a partir do presente, viajando para cenários da nossa

---

[23] DONNE, J. *Sonetos de Meditação*. Tradução de Afonso Félix de Sousa. Rio de Janeiro: Philobiblion, 1985.

própria trajetória. Somos conduzidos pelas questões do outro e o conduzimos para as nossas terras, além de passarmos uma "revista" no que apresentamos a ele. Entretanto, quando solicitados a desenhar o futuro, somos forçados a nos perguntar e a investigar a coerência de nossas ideias e estratégias. Daí as histórias vivas de cada um dos entrevistados conterem algo de cada um de nós, por identificação ou por absoluta distância. Elas podem nos ajudar a compreender e a construir um olhar mais integrado com o nosso tempo e localizado no agora. Diante delas, há um processo de construção interior e um relembrar de desafios vividos e superados, ou não, de indagações várias e até mesmo se exercemos o papel de protagonista em nosso cotidiano.

O ser humano se constroi na interdependência, é o resultado de uma produção conjunta e compartilhada. Dessa maneira, seu protagonismo reside na consciência desse papel interdependente, fazendo uma leitura da dinâmica visível e invisível presente nas entrelinhas, da relação com seus coadjuvantes e também lendo a si próprio. Protagonista é aquele que se ouve, escuta seu coração, o que seu corpo tem a lhe dizer, integra os pensamentos com as próprias emoções em sua ação e pode, por isso, fazer escolhas mais conscientes. Ser protagonista é ser autor de sua história, com todos os riscos que isso implica, sem desconsiderar seu papel e sua relação com os demais. A história da vida de alguém pode ter aventuras, traições, frustrações, até mesmo ser insignificante, no entanto, ainda que parcialmente, redigimos esse roteiro individualmente. As histórias, sejam elas advindas de teatro, filme, escola ou livro, nos levam a refletir sobre a nossa existência, sobre o nosso próprio destino e o destino de quem conta a história. Podem auxiliar a nos deparar com temores e ideais nutridos em algum recanto obscuro de nosso ser.

A proposta deste estudo foi indagar se os entrevistados, com suas experiências de vida, protagonizavam suas visões de futuro e quais eram os aspectos em comum dessas visões quanto ao futuro do mundo e dos negócios, além das estratégias para concretizar suas visões. E de que maneira poderiam contribuir para o desenvolvimento de uma relação cooperativa entre negócios e sociedade.

Os entrevistados estão divididos em três grupos. O primeiro, dos Executivos, reúne oito líderes empresariais, diretores ou gerentes de companhias nacionais e internacionais. A segunda categoria, dos Empreendedores, inclui dez agentes inovadores de mudança social, colaboradores da comunidade, de organizações não-governamentais ou entidades sem fins lucrativos. Por fim, no grupo dos Pensadores estão dez líderes de ideias, professores, críticos, formadores de opinião e visionários da área de negócios.

As entrevistas se apresentam como histórias vividas e contadas, trouxeram uma mensagem e um caminho de enfrentamento de dificuldades. Daí a relevância da questão que solicitava aos sujeitos compartilhar os momentos mais significativos de suas vidas. A proposta era provocar nessas pessoas um questionamento e um reviver momentos de potência, desenhando um futuro mais "empoderado". Há, sob esse ponto de vista, um jogo interno, permanente e implacável, do ser humano com o seu mundo.

A seleção dos executivos, dos empreendedores sociais e dos pensadores, base deste trabalho de pesquisa revelou personalidades que parecem expressar aspectos significativos do universo coletivo. Podemos compreendê-los como porta-vozes ou emissários de conteúdos inconscientes e, portanto, ainda não assimilados pela sociedade. Ao ler e atuar como portadores simbólicos, essas pessoas exercem a sua liderança em direção à mudança do conjunto social. Ou, como diria o psiquiatra suíço Carl Gustav Jung, fundador da Psicologia Analítica: "Nós não somos os criadores de nossas ideias, mas apenas seus porta-vozes; são elas que nos dão forma... e cada um de nós carrega a tocha que no fim do caminho outro levará". [24]

---

[24] JAFFÉ, 1963, p.8.

Protagonismo: a arte de fazer escolhas

Os relatos das quase três dezenas de entrevistados, aqui reunidos, são de pessoas que, tal como todos nós, buscam algo mais em sua existência. Ao tentar encontrar sua "bem-aventurança"[25], elas percorrem uma trilha que sempre esteve à vista, esperando para ser descoberta. Sendo assim, esses personagens reais exemplificam como podemos ser heróis em nossa própria vida. Por herói entendemos o homem ou a mulher que é personagem principal ou protagonista de sua história. Uma definição clássica estabelece como ser heroico aquele que consegue vencer suas limitações circunstanciais, pessoais ou locais, e se torna um modelo de eficiência para o mundo.

O trajeto do herói, que se encontra em nós, solicita, em primeiro plano, que empreendamos uma jornada na busca de algo que faça sentido em nossas vidas, que ajude a transformar o nosso entorno e, por isso, provoque a nossa própria mudança. Esse empenho envolve perigos, armadilhas, mas também uma enorme recompensa: a de obter sucesso no mundo, conhecimento sobre os processos humanos, possibilidade de expressar os próprios dons e de viver, harmoniosamente, com os demais.

Assim, o ato heroico se caracteriza não somente pelo fato de encontrar uma nova verdade, mas também por ter coragem de viver de forma coerente com essa visão. Se entendermos que o herói mata dragões, salva donzelas em apuros e, ao alcançar a vitória, transforma a vida do reino, podemos afirmar que essa nova verdade revitaliza tanto a vida daquele que empreendeu a jornada heroica, quanto a daqueles que habitam os seus reinos. Portanto, afeta a todos os que entram em contato com o personagem principal da história.

A tão almejada transformação "do reino" depende não apenas de uma ou outra pessoa, mas de cada um de nós. Essa concepção de mundo pode nos facilitar a superar acirradas competi-

---

[25] CAMPBELL, s/d, p.97.

ções e a desenvolver uma convicção de que existe algo mais, não facilmente compreendido, que nos une enquanto pessoas e seres que tomam parte na grandiosa obra da natureza. Isso pode gerar um fortalecimento tanto de nós, quanto dos outros. Sob esse prisma, se uma pessoa "não realiza o seu potencial de contribuição, todos perdemos", como argumenta Carol Pearson, no livro "O despertar do herói".[26] Ela completa: "Se nos falta coragem para empreender a nossa jornada, criamos um vazio no lugar onde deveria estar o nosso pedaço do quebra-cabeças, havendo um prejuízo coletivo e pessoal".[27]

O ato heroico constitui-se, portanto, em uma resposta que exige coragem, uma escolha e um posicionamento frente a essa escolha, seja diante de um chefe autoritário, de um território desconhecido ou o isolar-se de um colega. Ativar o poder de escolha é se posicionar como herói. Atualmente, na transição global em que vivemos, é preciso fazer opções e escolhas profundamente pessoais, que afetarão o futuro nosso e o de outros. O desafio dos trabalhadores da nova era da informação e do conhecimento é tornarem-se mais engenhosos, determinados e humanos, o que é a eterna tarefa dos heróis.

Submissão aos padrões e perda da alma

Lancemos, agora, o olhar para o oposto ao ato heroico, o ato não-protagônico no sentido de alguém se ver despido da consciência de si e dos seus atos no coletivo. Ou seja, ser assujeitado pelo inconsciente, ou ainda, por algo que não conhece em si mesmo e não percebe que desconhece. Para isso, será preciso recorrer a alguns mitos: o primeiro é o de Procrusto, cujo significado é "aquele que estica"[28]. Procrusto era, em verdade, a denominação

---

[26] PEARSON, 1998, p.17.
[27] Ibidem.
[28] BRANDÃO c, 1989, p.156.

dada ao criminoso Damastes, ou Polipêmon. Ele possuía uma técnica própria: colocava suas vítimas em um de seus dois leitos de ferro. Se seus pés ultrapassassem o limite permitido, eram amputados. Mas se o corpo da vítima fosse menor que o leito, suas pernas eram distendidas, de maneira violenta.

Essa metáfora do leito de Procrusto pode servir para avaliar a conformidade tão exigida aos homens e às mulheres pela cultura de seu tempo. Os viajantes eram obrigados a se submeter a essa prova no caminho entre Mégara e Atenas, segundo a Mitologia da Grécia Antiga. Alguns se adequavam perfeitamente ao leito de Procrusto, ou seja, havia os que se harmonizavam com os estereótipos ou as expectativas que lhes eram depositadas e com os arquétipos, isto é, os padrões internos de comportamento. O sucesso, para esse tipo de pessoa, representa algo conquistado com facilidade e de maneira prazerosa.

Para outros indivíduos, a adequação a esses estereótipos produz sofrimento na medida em que traz um padrão interno do que se deveria ser. Nesse caso, alguns dos aspectos significativos, "amputados" ou "esticados" para satisfazer as expectativas externas, podem comprometer a complexidade e a profundidade da vida dessas pessoas, tornando-as vazias intimamente, apesar do sucesso aparente. "Quando a pessoa não tem contato com suas fontes interiores de vitalidade e alegria, a vida fica vazia e sem sentido", defende Jean S. Bolen em seu livro "Os deuses e o homem: uma nova psicologia da vida e dos amores masculinos"[29].

O encontro com Procrusto é a quinta tarefa enfrentada pelo mitológico herói ateniense Teseu, cujo significado é "o homem forte por excelência"[30]. É interessante a descrição desse guerreiro que libertou a Grécia ao derrotar diversos monstros: "Atingida a adolescência, Teseu se mostrou capaz de seguir o apelo do espírito. [...] O herói partiu em busca do espírito."[31] Há, portanto, uma associação de herói e ato heroico com espírito. Novamente

---

[29] BOLEN, 2002, p.21.
[30] BRANDÃO c, 1989, p.149.
[31] Ibidem, p.152.

há uma referência à perda de sentido e da alma quando Teseu – aquele que liberta sua terra dos monstros, e o faz por meio da posse do espírito – enfrenta um gigante, Cirão, que traz um símbolo forte. Ele obrigava suas vítimas a lavar-lhe os pés de joelhos, o que significa a servidão humilhante. Dessa forma, é que a banalização mantém os vencidos. A banalização nesse caso, refere-se ao *"esquecimento das necessidades da alma em detrimento das necessidades do corpo"*[32].

Esse ato de lavar os pés traz o sentido de purificação, mas tratando-se da figura do gigante Cirão (alma morta do monstro banal), adquire outro sentido.[33] Na fala dos sujeitos da pesquisa, apresentada a seguir, encontramos diversas vezes a referência à subserviência ao gigante – Capital – que conduz à banalização, à perda da alma. De certa forma, há um investimento social na (in)sustentabilidade, ou seja, a perda da alma no sentido de seu papel para a vida, para o coletivo, quando em detrimento dos valores e sentido próprios da existência, privilegiando as questões materiais apenas.

O trabalho como jornada heroica

Sob um aspecto, temos como significado do trabalho a paralisação que traz consigo a morte. Sob outro, temos a questão do significado que as canadenses Michelle Tocher e Anne Simon, autoras de um guia sobre a vida profissional como jornada heroica, abordam sob duas perspectivas: uma é a experiência em aconselhamento de carreira e a outra, o estudo da mitologia e dos fundamentos da psicologia.[34] Como conselheira e consultora, Anne Simon relata que sempre acompanhou os altos e baixos das profissões, umas aumentando e se tornando promissoras, outras praticamente desaparecendo ao longo do tempo. Mas há alguns

---

[32] DIEL, 1966, p.183.
[33] BRANDÃO c, 1989, p.155.
[34] TOCHER; SIMON, 1998.

anos, ela notou diferenças de outra ordem. Seus clientes passaram a ficar medrosos, chocados, desnorteados e sentindo-se traídos por constantes ondas de *downsizing*, reestruturações e movimentos semelhantes de enxugamento nas empresas.

Com as novas formas de comunicações da mídia, a escritora relata que seus pacientes chegavam ao consultório mais informados, porém igualmente mais ansiosos, deprimidos e sem esperança do que antes. A partir dos seus estudos, percebeu que essas mudanças não aconteciam somente com determinadas pessoas, mas também no globo e, particularmente, nas cidades industrializadas. Não se tratava de um capricho, mas de uma mudança radical de posição, percepção e organização profissional. Havia um sentimento de perda e confusão generalizado porque valores, expectativas e hábitos convencionais de trabalho não poderiam ser mantidos.

Ao tentar explicar o significado desta revolução, que está longe de ser passageira, e o que era preciso fazer para enfrentar essa mudança profunda, a consultora de carreira frequentemente se deparava com olhares vazios e descrentes. As pessoas estavam muito angustiadas para pensar na possibilidade desse mundo de trabalho, tão conhecido por elas, desaparecer. Alguma coisa a mais era preciso, além da explicação racional, descrevem as escritoras canadenses.[35]

Nos moldes econômicos do século XXI, encontrar um emprego significa descobrir o significado do trabalho que há em nós, e ele surge a partir de um questionamento interior que conduz à identificação e à manifestação de nossa própria visão de mundo, propõem as autoras. Para isso, Michelle Tocher acrescenta o conhecimento teórico sobre o poder curativo das histórias, das metáforas e dos mitos. Nessa perspectiva, duas questões primordiais surgiram de toda essa reflexão e experiência em estudos de caso. E são as mesmas que se apresentam a cada um de nós: "O que fui chamado a fazer?" e "Como me preparo para empreender essa jornada?"[36]

---

[35] TOCHER; SIMON, 1998, p.11, tradução nossa.
[36] Ibidem.

Com a palavra, os entrevistados

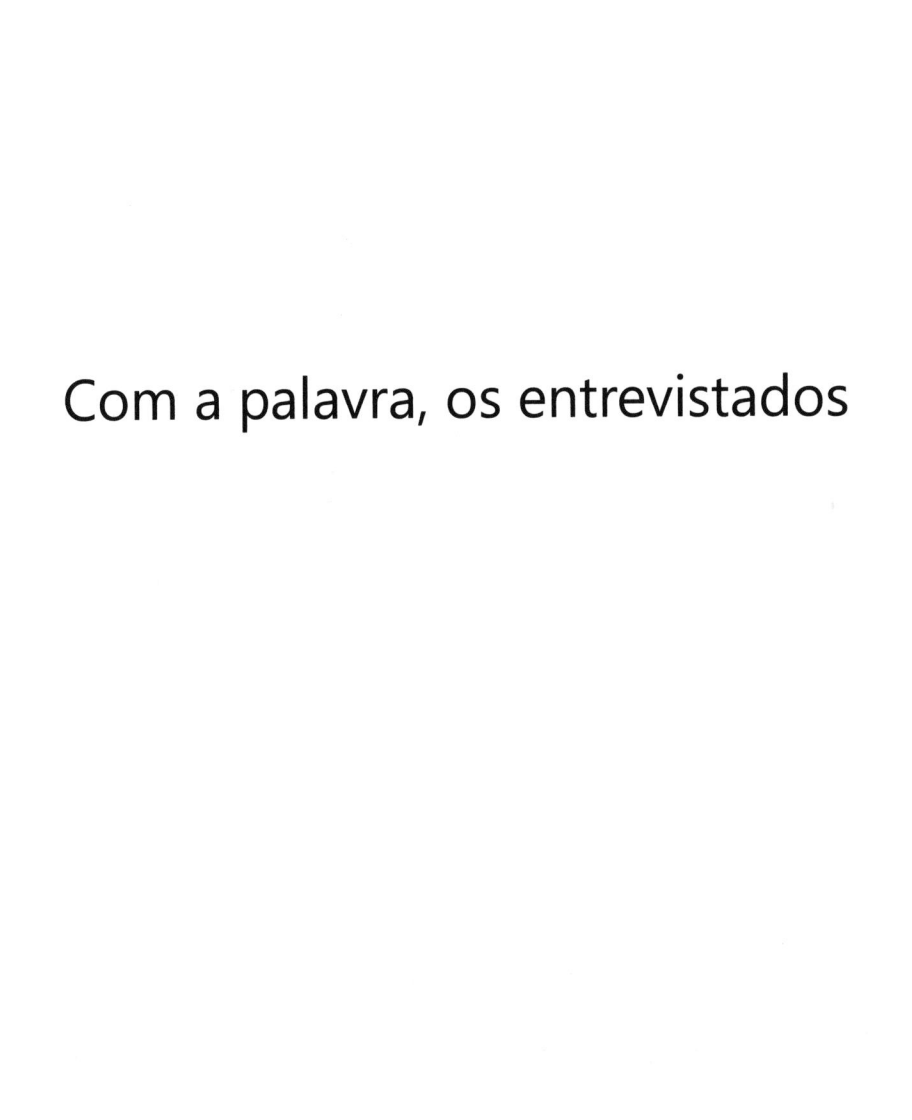

O futuro dos negócios e do mundo na visão dos EXECUTIVOS

No relato de líderes empresariais, presidentes e executivos, a área social permanece um desafio a superar – o que significa manter a coerência entre negócios e propósitos com ações que desenvolvam a cidadania, educando as pessoas e ensinando-as a trabalhar –, mas emerge também a banalização da educação e da família, que aparece como célula fundamental embora esquecida (descuidada). Possivelmente, isto se refere ao fato de os primeiros laços afetivos serem percebidos como significativos e ser, este, um apelo no sentido de não permitir seu enfraquecimento para nossa permanência enquanto coletividade.

A importância do vínculo se apresenta, mais de uma vez, nas entrevistas realizadas com líderes, empresários, presidentes, diretores e gerentes de companhias nacionais e internacionais, além dos temas respeito, reconhecimento e compartilhamento de diferenças. A interconexão e o funcionamento da sociedade em rede aparecem como assuntos ligados ao futuro, assim como os modelos econômicos que privilegiam a equidade. A possibilidade de uma revolução ocorre a partir da articulação entre diferentes agentes que estimulem a inclusão, projetam os entrevistados, com exceção de um deles, para quem a eliminação das desigualdades não será feita via elites de quaisquer tipos, pois se houvesse interesse autêntico em realizá-la, isso já teria ocorrido.

A transcendência emerge como um tema de interesse das organizações, pois se o negócio não beneficia o todo, a sua existência não tem sentido, dizem os entrevistados. Parece, assim, haver convergência na expectativa de maior conscientização de que a riqueza deve ser uma medida coletiva, global, ainda que em detrimento dos indivíduos, traduzindo-se no cuidado verdadeiro com o meio ambiente, questão abordada de maneira quase unânime.

Na visão coletiva de futuro, executivos e empresários comentam que a corrupção tende a diminuir, uma vez que os cidadãos serão bem formados em todos os níveis da sociedade. A consciência do nosso papel no mundo permite maior serenidade para viver o cotidiano com sentido, eles afirmam. O diálogo, o encontro consigo mesmo e com o outro são privilegiados, a violência decresce e há oportunidade para todos nesse devir sonhado por líderes empresariais. Isso favorece uma abordagem interdisciplinar para o desenvolvimento da qualidade de vida dos funcionários dentro das organizações. Para o grupo dos executivos, a intuição é abordada no sentido de desvendar questões via coração. O sexto sentido reflete descobertas que estão dentro de nós e parece convergir com a conscientização de nossos próprios processos. Entre os relatos, um dos entrevistados expressa uma visão de futuro sem tanto idealismo, o que pode ser considerado como uma possível amostragem de parte do universo empresarial atual.

Há ainda referência às estruturas em rede, onde os negócios, o governo e a sociedade civil organizada estejam envolvidos em questões complexas, tenham interesses comuns e seus líderes estejam voltados para o bem coletivo, visto que a riqueza passa a ser de todos e não fragmentada ou individual. O mundo dos negócios é reconhecido como responsável pelos impactos gerados na população mundial. Portanto, cabe ao administrador a visão de um estadista, ou seja, aquele olhar que vê à frente e busca o bem comum. A rentabilidade deve ser analisada no cenário e na qualidade em que ocorre, dizem os líderes. No entanto, a visão de que lucro e sustentabilidade não se conciliam também está presente nesse grupo de entrevistados, o que parece denotar o movimento contraditório e dinâmico do processo rumo à sustentabilidade.

São percebidos aspectos que necessitam de reflexão urgente, tal como o ambiente dos negócios permeado pela competição e outros fatores desgastantes. Mas há menção à necessidade de superação da crise global com a busca de valores universais. Parece, a partir dos depoimentos, que uma parcela do segmento empresarial possui visão futurista positiva ainda cética. Apesar disso, o futuro dos negócios imaginado, pelos líderes entrevistados é permeado de esperança, com o Brasil exportando minérios e transformando produtos manufaturados em uma economia sem barreiras no Mercosul, com livre circulação de pessoas e capitais. O cenário desejado tem ainda empresas, comunidade, ONGs e governo atuando para o bem comum.

Quanto às propostas e às estratégias para viabilizar esse futuro, deparamo-nos com iniciativas que ocorrem, atualmente, mais por intuição do que por intencionalidade dizem empresários e executivos. Nos comentários aparece a necessidade de desconstruir a visão linear a fim de desenvolver a capacidade de pensar as complexidades e investir em ações que propiciem a inclusão. A educação dos funcionários é vista como um importante passo para o aprimoramento da qualidade humana.

Os entrevistados concordam que os negócios necessitam considerar e refletir o bem comum. Cidadania e educação também são apontadas como elementos essenciais; a ética nos negócios é compreendida como a não imposição de regras do alto escalão para baixo, mas sim, o compartilhamento das regras de baixo para cima. Só assim, argumentam, é possível transformar comportamentos de maneira verdadeira e coerente.

ROBERTO TEIXEIRA DA COSTA
Administrador, um estadista que pensa à frente

Economista, Roberto Teixeira da Costa é sócio-fundador da Prospectiva – Consultoria Brasileira de Assuntos Internacionais e foi o primeiro presidente da Comissão de Valores Mobiliários (CVM), além de um dos fundadores do Centro Brasileiro de Relações Internacionais (Cebri). Participa de diferentes conselhos administrativos e consultivos de empresas e associações voltadas a discussões de temas internacionais relacionados à Administração de Empresas e à Economia, presidiu o Conselho de Empresários da América Latina e é membro do Conselho de Administração da Sul América.

Para Roberto Teixeira da Costa, o problema do desequilíbrio social não é apenas brasileiro, mas mundial, e a atitude dos empresários frente a um mundo em transformação deve, necessariamente, passar pela mudança. Ele cita como exemplo o furacão Katrina, que expôs as mazelas e a pobreza dos Estados Unidos como nação. O economista defende que no mundo de hoje, não importa só a rentabilidade, mas a qualidade e o cenário em que ela ocorre. Com isso, há uma acentuação da visão global humanizada, o que traz novas questões: como viver melhor coletivamente? Como romper com o paradigma do individualismo em um mundo cuja sobrevivência depende da sustentabilidade enquanto construção coletiva?, ele questiona.

Habituado a olhar à frente, pensar de maneira justa, com uma consciência ampla e abrangente dos negócios, ele explica que ter uma visão de estadista, para um administrador, significa manter a necessária perspectiva social ligada ao todo. Sem isso, ele diz, não se conquistarão novos consumidores e os negócios perecerão vítimas da percepção não pautada em questões que beneficiam o todo. Roberto Teixeira da Costa assegura que a atitude dos empresários em relação a conteúdos como sustentabilidade e qualidade de vida mudou. Outrora esses temas não ocupavam espaços de relevância nas organizações. "Hoje, mesmo que não estejam incluídos diretamente nas agendas, há uma preocupação em enfrentá-los", ele argumenta.

Como futuro, o empresário compartilha que, ao escrever um livro sobre a trajetória do mercado de capitais no Brasil, jamais imaginou ouvir, nos quase 50 anos em que está ligado a essa área, "que empresas brasileiras iam colocar títulos no exterior em reais, em títulos perpétuos, ou seja, dívidas em vencimento." Isso significa, segundo ele, que houve "progressos em diversos setores" da economia nacional.

O grande desafio do Brasil encontra-se na área social, afirma. Para o futuro, ele sonha em andar pelas ruas despreocupado, sem medo de assalto. Imagina também que "as empresas de segurança foram dissolvidas e as pessoas conseguiram empregos em outras atividades". Sua visão do devir se expande no que se refere ao desemprego, que diminui, e a renda per capita nacional, que sobe, aproximando-se das nações do Pacífico. Continuando sua projeção de futuro, o Brasil, junto com países do Mercosul, desenvolve tecnologias e inovações em áreas nas quais antes comprava produtos fabricados a partir de concepção externa. "As barreiras dentro do Mercosul terminaram e há livre circulação de pessoas e capitais. Foi criada uma comunidade forte e uma moeda nova, o gaúcho", ele conta. Esse, explica, seria um sonho que o faria acordar com muito prazer.

Em sua visão dos negócios, a preocupação diz respeito às pessoas e ao meio ambiente, no sentido de estimular a sustentabilidade e a conservação da natureza. Ele acentua o respeito pelo acionista, que deve existir em qualquer empresa. Como estratégia de atuação, considera "fundamental as empresas terem uma visão ética do negócio, assim como na política". Roberto Teixeira da Costa foi um dos formadores da Comissão de Ética Pública do Ministério Público Federal (MPF), fez parte do colegiado inicial, convidado pelo então presidente Fernando Henrique Cardoso, criando um código de conduta do Ministério Público Federal. Constata sua surpresa, pois "esse código de conduta mostrou que muitas pessoas faziam as coisas erradas não por má fé", mas por desconhecimento. Dessa forma, entende que a população precisa ser educada sobre o que é ético a fazer, algo fundamental para o país prosperar. Muitas obras sociais poderiam ser realizadas com o dinheiro desviado pela corrupção, argumenta.

E enfatiza o olhar "para os interesses do país, em primeiro plano e, em seguida os próprios, bem como descobrir meios de envolver a todos". Isso implica em uma escuta acolhedora e na visão de mundo construído de forma compartilhada, o que evidencia a necessidade de uma mudança de paradigma. "Caminhamos para uma maior transparência, um melhor fluxo de capitais e uma situação onde as pessoas se sintam menos intimidadas em encaminhar sua iniciativa privada", conclui o empresário da área financeira.

JAIR MOGGI
Economia e ecologia a serviço da transformação

Economista e advogado de formação, Jair Moggi tem mestrado em Administração de Empresas pela Faculdade de Economia e Administração da Universidade de São Paulo (FEA-USP). Foi executivo e consultor de recursos humanos durante 20 anos. Professor da FEA-USP, atua como consultor de empresas em processos de planejamento estratégico, sucessão ou profissionalização, ética empresarial, responsabilidade social, sustentabilidade, gestão empreendedora, inovação, liderança diferenciada, *coach*, conflitos e recursos humanos. Presidente de um instituto ligado à ecologia social com visão antroposófica, apresenta-se como "insultor" porque trabalha a partir da pergunta dos clientes e constrói respostas personalizadas. Rastreia o mundo com seus vários sensores, incluindo o intuitivo. Com essa percepção, ele reconhece a importância da sustentabilidade, da construção e da reconstrução de um novo limiar a ser vencido pela humanidade, que chama "um novo espírito do tempo".

A transformação o instiga, "criando oportunidades, gerando resultados, novas realidades sociais, novas formas de organização, de gestão e, principalmente, de criar comunidades e grupos de trabalho", ele descreve. Jair Moggi engajou-se na campanha política do PSDB para o governo do Estado de São Paulo com Mário Covas, em 1994. Disponibilizou seu trabalho "como doação, ajudando a facilitar grupos". Uma pessoa foi indicada para secretariá-lo, e o convidou para uma grande estatal. "Eram 25 mil empregados, com todas as virtudes e desvirtudes de uma empresa estatal", relembra.

Seu desafio foi provar que os conceitos e as teorias nas quais acreditava poderiam ser aplicados na prática. Na organização, foi "o único consultor que atuou e fez uma transformação a partir da própria corporação". Isso se deu pelo fato de ter como "suporte o secretário do presidente e o próprio governador", explica. Conseguiu "mobilizar a corporação no sentido de mudar a imagem da empresa e colocá-la num patamar de desempenho equivalente a uma empresa privada, fornecedora de um produto essencial, com 25 milhões de clientes", relata.

Como futuro, tem a visão de interconexão entre todos, como uma grande casa em que a economia e a ecologia, unidas, formam uma nova maneira de viver e "com-viver". "O planeta é como um cérebro e todos estão conectados a ele. A economia seria a mola propulsora de transformação mundial, tanto a economia quanto a ecologia seriam os caminhos possíveis de mudança para a humanidade", projeta. Nesse futuro, os negócios são vistos como polo de mudança, ditando valores e impactando o cotidiano da população. Jair Moggi prevê um reequilíbrio da questão predatória, "teremos negócios que continuarão explorando e outros que estarão recompondo a natureza", afirma.

Ele aponta indícios dessa mudança – o que lhe traz esperança. Por isso, diz, está convencido de que "créditos de carbono são um dos embriões dos negócios do futuro". Quanto aos passos para a mudança positiva, ele avalia ser necessário "criar situações para compartilhar experiências e melhorar o aprendizado". A estratégia de viabilização seria por meio de "instituições sem fins lucrativos, independentes de estrutura governamental", capazes de catalogar e disseminar o conhecimento das ONGs. "Algo nascido da própria articulação da sociedade, a partir da boa fé e da manutenção de todos os membros", explica.

O economista Jair Moggi entende que há prenúncios de seres humanos com um novo conteúdo. Em seu ponto de vista, os escândalos de corrupção e falta de decoro no Congresso contribuem para gerar uma nova consciência e melhores escolhas no futuro. Em sua opinião, há uma transição, pois nos últimos 20 anos as pessoas saem da universidade e chegam às empresas com qualidade diferente de quem nasceu nos anos 40, 50 ou 60. Cita como exemplo de estratégia na direção de sua visão de futuro uma descoberta que fez ao elaborar um projeto. Sua preocupação não era tanto com o que as pessoas iam ganhar, mas com o que iam aprender. Assim nasceu um novo impulso, com a construção de uma comunidade na qual o fator predominante "foi a luz no processo, não a sombra".

Segundo seu relato, o grupo não tinha o básico. "Se não se preparasse para atender o negócio no futuro, simplesmente não haveria mais negócio", lembra o entrevistado. Dessa forma nasceu o impulso de criar uma comunidade que cuidaria do desenvolvimento dessas pessoas. A integração atuou como forma de reconhecimento do outro em si mesmo, "o segredo de ouro dos processos humanos", ele diz, ressaltando a importância de preservar a identidade dos indivíduos que participaram dessa integração.

ANDRÉ LEITE ALCKMIN*
Transcendência e aprendizado em mão dupla

Diretor de uma grande empresa multinacional brasileira durante aproximadamente 25 anos, onde entrou como engenheiro de projetos e se aposentou, André Leite Alckmin (1935-2009) foi empresário e sócio fundador da Sociedade Internacional para Excelência Gerencial (SIEG). Formado em Engenharia em 1960 pelo Instituto Tecnológico de Aeronáutica (ITA), com especialização em Psicologia Organizacional pela Californian American University, Alckmin foi membro fundador e conselheiro do ELOS – Espiritualidade e Liderança para Organizações Saudáveis.

André Leite Alckmin revela que utiliza sua experiência como executivo para pensar o mundo dos negócios inserido na vida, onde o prazer de "ser" deve conviver com o orgulho do próprio trabalho. Tendo vivido sua adolescência na fazenda, aprendeu a paz que o convívio com a natureza possibilita, o que parece ter sido seu alimento para a vida. Foi na fazenda que ensaiou os primeiros passos para a compreensão do significado do relacionamento nas questões humanas.

Inicia sua reflexão com o relato de um episódio em que perguntou aos trabalhadores de uma fábrica o que mais os atrapalhava em seu ambiente de trabalho. A resposta dos funcionários foi que o pior ao entrar numa fábrica era a sensação de perda de cidadania. "Não ter mais os direitos habituais de ir e vir. A direção constrange as pessoas no direito do que falar, do que defender, do que dizer", rememora. Ao tomar conhecimento da sensação de perda de cidadania entre os trabalhadores, o entrevistado trans-

---
* A memória de André Leite Alckmin que nos deixou, com sua generosidade, preciosos ensinamentos.

formou em objetivo de vida a criação de sistemas de trabalho para que as pessoas "não perdessem seu sentido de gente, de cidadão e não de escravo".

O empresário obteve um *insight* sobre a qualidade do que é ser um bom professor ao interagir com seus alunos, que respondem dando o melhor de si. Esse pensamento norteia sua concepção de aprendizagem, que acontece como decorrência das relações, em um processo de mão dupla. Aí se encontra o nutriente que pode trazer um enriquecimento recíproco, diz.

De acordo com André Alckmin, "enquanto se trabalha com coisas complexas, não existe mestre, existem relações. Cada um é mestre nas suas relações" e pode aprender com o outro. Nessa visão, o conteúdo novo deve ser deslocado para o mundo das ações, esse é o "espírito do aprender", diz. O empresário criou duas escolas ligadas à espiritualidade e liderança para organizações saudáveis, que inserem "a complexidade dos relacionamentos nos negócios e pretendem criar conhecimento sem se submeter às regras do MEC (Ministério da Educação e Cultura)", explica.

Alckmin relata que durante uma reunião com pessoas experientes na área da Educação, na qual se discutia a respeito de cursos de mestrado e outros semelhantes, ficou evidente para todos que o setor acadêmico, como funciona hoje, não atende a necessidade das pessoas, dos negócios e tampouco da educação. Isso se deve ao fato de ter características de "um negócio formal, burocrático, projetado para que o sujeito saiba que cumpriu uma regra e não se aprendeu alguma coisa", resume. Em seu discurso, o engenheiro denota a sabedoria própria de quem fala de uma vida pautada na coerência de seus princípios.

Em sua visão de futuro, enfatiza que o progresso trará como consequência a honra ao outro, um fator não perecível. No futuro dos negócios está o verdadeiro cuidado com o meio ambiente, afirma. E pontua o fato de que aqueles que não incorporarem o novo modelo e ficarem com os velhos padrões e valores vão perecer. O fato novo no universo corporativo é que é preciso gerar benefício para o mundo, argumenta. Não apenas para os acionistas.

Como estratégia, além das citadas escolas, André Alckmin aponta o tema da transcendência dos empresários, o que para ele será o fator de diferenciação, pelo qual as empresas procurarão avidamente. Segundo ele, as relações afetivas estão inseridas no mundo dos negócios e se algo não é bom para o conjunto, não há por que continuar existindo. As relações são complexas e o grande aprendizado é lidar com a mutação constante, entendendo que é necessário honrar o outro e honrar o mundo.

Para o empresário, aprendizagem consiste em "enxergar o que não se enxergava antes". Em sua opinião, significa indagar-se: "como posso levar isso para o mundo das ações? E no mundo das ações: como posso garantir que isso virou hábito? Esse é o espírito do aprender". Uma via de mão dupla, explica. André Alckmin sustenta que atuamos em rede e, portanto, nossas ações têm consequência no mundo, mais propriamente, elas geram vida. Ou podem contribuir para a morte, para o adoecimento, se delas retirarmos o sentido e o prazer de existir.

MARCO ANTONIO BERTO
Sexto sentido para ver em si a oportunidade

Formado em Direito, com mestrado em Controladoria e Contabilidade pela Universidade de São Paulo (USP), em 1998, atualmente é consultor, professor e pesquisador da área de finanças, contabilidade e planejamento tributário da Fundação Instituto de Pesquisas Contábeis Atuarias e Financeiras. Qualificado como profissional liberal, ele prestou serviços para empresas de consultoria na área econômica e financeira. Seu percurso profissional deu-se, originariamente, como consultor de uma multinacional, de onde migrou para carreira a solo. Chegou ao ápice, sendo considerado o mais competente consultor da melhor empresa do setor, conta. Seu nome circulou em jornais, na televisão e ele conseguiu acumular dinheiro em quantidade. Em seguida, foi acometido por uma doença, o que lhe causou grandes problemas. Passado algum tempo, percebeu que não estava preparado intelectualmente para assumir a posição exercida na época, o que posteriormente seria "mais tranquilo".

O executivo Marco Antonio Berto compartilha um momento de sua vida em que aborda o tema poder. Fala da relação de estar frente a frente com as instâncias do poder, o que exige responsabilidade porque os "grandes altares" implicam o enfrentamento de "grandes pecados", ele afirma. É necessário ter um alicerce para isso e nem todos estão preparados para o poder, explica. Embora diga que não repetiria algumas ações do passado, ele reconhece que a experiência o levou adiante. Destaca o fato de que a sensação de estar no auge pode impedir a percepção do que é ganho qualitativo e do que é quantitativo. O trabalho, no seu ponto de vista, não se resume em remuneração, há também a satisfação com a concretização esperada.

O líder empresarial diz que muitas vezes as pessoas não compartilham seu conhecimento, principalmente na área acadêmica. A razão é: "quem detém experiência detém conhecimento e, portanto, detém poder", ele afirma. Diz não compartilhar dessa visão. Marco Berto fala de si como alguém que, no passado, possuía grande objetividade em relação a resultados e a metas claras. Criava oportunidades. Hoje percebe que isso pode gerar insatisfação "porque algumas oportunidades são artificiais", argumenta.

Quanto ao futuro, crê que o mundo ideal seria aquele em que o grau de oportunidade fosse igual para todos. Quando alguém ficasse para trás, justifica, "seria por um problema de competência ou uma escolha". Haveria tal sinergia que as pessoas refletiriam mais e transpirariam menos, imagina. Com foco apurado, os indivíduos não precisariam ser empurrados, pois fariam "uma reflexão sobre tudo, sobre decisões pessoais, relacionamentos pessoais, relacionamentos globais".

Marco Berto salienta que "os negócios vão ser sempre armadilhas". Quem conseguir antever esse jogo será vencedor. Em sua opinião, o vencedor nesse sistema é aquele que usa o seu "sexto sentido", sua intuição. É alguém rápido "porque está fazendo uma reflexão constante do que vai acontecer e vai chegar primeiro que o outro" à solução, justamente por isso. Para ele, as descobertas partem do coração, ainda que a mente envie mensagens certeiras. O executivo compreende que as oportunidades estão dentro de nós, com a diferença de que alguns a enxergam e outros, não.

Quanto às estratégias de ação para viabilizar o futuro dos sonhos, o consultor compartilha seu sonho: um "projeto de vida para recolocação de idosos", formado por pessoas que adquiriram experiência e precisam compartilhá-la com alguém, o que nem sempre é possível. Relata uma experiência ocorrida no interior de São Paulo, na qual 120 pessoas "foram recolocadas no mercado por meio de uma avaliação profissional" e, dentre elas, 32 indivíduos que viviam em asilo adquiriram condições de morar sozinhos. Conseguiram ocupação como "supervisores de ensino em áreas como informática. São mais responsáveis e acabam agregando valor à sociedade como um todo", afirma. Em geral, diz o consultor Marco Berto, essas pessoas são aposentadas e, portanto, o ganho desse trabalho ajuda na sobrevivência. Nessa instituição, o objetivo não é assistencialista, por isso não se aceitam doações em dinheiro.

 O executivo esboça propostas singulares de ação concreta. Uma delas é que "diariamente, por pelo menos umas duas horas, deveria haver um momento de reflexão entre as pessoas. Há pouca gente se dedicando a conversar e a filosofar. Quanto mais se fala na solução, maior a probabilidade de ela ocorrer", defende. Outra estratégia é iniciar a carreira cedo. A partir de sua própria experiência, de começar a trabalhar aos 15 anos. Mesmo sendo tratado como menino, assimilou conceitos como responsabilidade, pontualidade e hierarquia, "coisas simples", que ao serem aprendidas tardiamente, podem gerar uma reação de rebeldia. Segundo Berto, "o desafio do futuro é a rebeldia do negócio". Por desconhecimento desse contexto, muitos executivos chegam a extremos como trabalhar "40 horas num dia que só tem 12 horas disponíveis", explica.

LUIZ AUGUSTO DE CASTRO
Conquista com luta e pouco idealismo

Luiz Augusto de Castro é advogado formado pela Faculdade de Direito Mackenzie em 1968. Iniciou no jornalismo em 1964, no *Diário Popular* (hoje *Diário de São Paulo*), em 1981 chegou ao cargo de diretor, sendo superintendente do jornal de 1984 até 1986. Foi também diretor da *Gazeta Mercantil* de 1986 até 2001 e presidente do sindicato dos jornais e revistas de São Paulo em dois mandatos.

Outrora jornalista, Luiz Augusto de Castro hoje possui uma empresa familiar. Relata seu percurso baseado em trabalho árduo e conquistas que tiveram o envolvimento de várias pessoas. Iniciou a carreira há cerca de 30 anos, chegou à superintendência de um jornal de grande circulação em São Paulo e pertenceu à redação de outro jornal na cidade, como diretor, entre outras atividades. Ao se aposentar, montou com seus filhos um negócio familiar na área de moradia para a periferia. Conta que foi por meio desse projeto que reconheceu o sentimento de felicidade. Para ele, a maior gratificação é ver a alegria das pessoas "quando conseguem adquirir, geralmente, o seu primeiro imóvel". Hoje, o empresário e os filhos compõem uma incorporadora, juntaram-se a investidores e buscam resultados. Fizeram dois condomínios de casas populares e estão construindo mais três.

Além de jornalista, Castro também foi docente, se propunha a deixar sua marca, sua visão de mundo, e não apenas cuidar de sua sobrevivência e de sua família. Sua visão de futuro não é otimista. Refere-se à retomada histórica de sua vida como "não tendo nenhum momento especial." Para ele, "a vida deve ser feita com muita luta, muita batalha e vontade de chegar a algum lugar". O entrevistado não fala em "ficar rico, mas em ter melhores condições de sobrevivência mínima". Percebe-se pequeno em relação ao que foi no passado. Há gratificações no presente em relação aos filhos. Espera que eles ajudem a fazer a mudança "para empresas com função social, que atendam aos empregados. É a busca da dignidade de cada um que trabalha com você", resume. Percebe isso como uma "obrigação" do empresário.

Quanto à sua visão de futuro, ele deseja que a semente por ele plantada "seja uma planta formosa e forte". Embora tudo esteja ruim no mundo, em seu ponto de vista, "está melhor do que anos atrás. Havia um estudo da Federação de Agricultura mostrando que metade do país vivia no interior. Hoje, só vivem 15% no interior, isso inchou os grandes centros", ele analisa. Comenta ainda que muita gente se deslocou para as cidades, sem nenhuma formação. O resultado, ele diz, é que "os favelados de hoje são fruto daquilo que não foi feito lá atrás". Castro e os filhos cuidam de creche e asilo não porque seja "um caminho do céu", mas porque "o poder público não o faz", esclarece. "Temos que lutar bravamente para que sejam punidos aqueles que usam o povo em benefício próprio, em vez de trabalhar em benefício dos outros."

Para o futuro dos negócios, o entrevistado projeta que a educação e a cultura devem melhorar, e defende que o Brasil deve acompanhar a alta tecnologia sem se tornar "uma Índia, um dos maiores países fazedores de programas de computadores e um dos mais famintos", argumenta. Para ele, o Estado deve cumprir "suas funções de justiça social e deixar que os funcionários cuidem dos negócios, gerando renda para que o Estado cuide de cobrar seus impostos e de distribuir essa mesma renda". Afirma que gostaria de ver "as empresas criando, desenvolvendo e buscando cada vez mais o cuidado com o meio ambiente". Defende que "manter as crianças na escola, alimentadas, é gerar condições de vida digna para todas as pessoas. Cuidar do meio ambiente é cuidar de tudo isso, é ampliar". Para ele, o melhor caminho é o do trabalho consciente individual. "Se todos fizerem a sua parte, as coisas ficarão muito melhores", sugere. Esse seria o primeiro passo da mudança positiva.

Luiz Augusto de Castro enfatiza a importância de educar, dar cidadania, ensinar o trabalho e valorizar a família, o cerne do ser humano, em sua opinião. Ele aponta como algo a se refletir, a reduzida importância dada ao núcleo familiar, pela necessidade das pessoas abandonarem os seus filhos para trabalhar. "A sociedade e a família ainda se desenvolvem como células levando para o bem ou para o mal-estar", diz. Quanto aos passos das empresas e das organizações a fim de criar o melhor mundo para as gerações vindouras, comenta que o primeiro ponto é manter empregos para manter a empresa viva.

Relata uma experiência que vivenciou 15 anos atrás em um jornal de São Paulo, quando foi criado o balanço social. As empresas tinham direito a uma página para relatarem o que havia sido feito em benefícios sociais ao longo do ano. "No começo ninguém tinha muita coisa para dizer, no final, quase 70% das empresas já estavam usando aquele espaço", lembra. Castro trata de temas concretos e da sobrevivência sem tanto idealismo. Traz uma visão pessimista e menos sonhadora da realidade, que é um retrato importante da sociedade empresarial brasileira. A pergunta que se nos apresenta é: quais são as estratégias para uma perspectiva de negócios no futuro se essa crença é tão desalentadora?

JOSÉ LUIZ MONTIANI PALMA
Sustentabilidade e lucro: é mesmo possível?

José Luiz Montiani Palma é engenheiro agrônomo formado pela Escola Superior de Agricultura "Luiz de Queiroz", da Universidade de São Paulo (Esalq-USP), em 1972, e Administrador de Empresas formado pela Universidade Mackenzie em 1976. Trabalhou em projetos agropecuários e florestais, principalmente no Estado de São Paulo. Foi funcionário e, posteriormente, sócio na Mipal Indústria de Evaporadores Ltda. por cerca de 30 anos e na Indústria de Refrigeração Refrio Ltda. Atualmente, atua como diretor de um centro comercial, em São Paulo, e é avaliador do DERSA – Desenvolvimento Rodoviário S.A., nas obras do Rodoanel.

Apesar do conhecimento em agronomia, José Luiz Montiani Palma considera sua formação em Administração o primeiro marco em sua vida. Ele iniciou a carreira há mais de 30 anos em uma empresa familiar com 20 a 25 empregados, que evoluiu para uma organização própria com 150 empregados. Considera isso uma grande empreitada porque ampliou a empresa sem capital. Seu grande feito, diz, foi acreditar naquilo que fazia. Sua meta era ganhar dinheiro, antes de qualquer coisa. Arrojado, afirma nunca ter sentido medo ou ter deixado de agir por temor ao desafio. Acredita que poderia ter feito mais se os aspectos políticos, econômicos e industriais do país fossem de outra natureza. Admite ter tido a seu favor a estrutura familiar e uma marca paterna de valorização humana, integridade e obrigações tributárias.

Trabalha, atualmente, em um prédio que está se transformando em um centro comercial ligado a atividades jurídicas, localizado próximo a dois fóruns, em São Paulo. Conta que a preocupação, ao longo de sua história profissional, sempre se estendeu aos outros, às equipes, muito mais do que a si próprio. Em sua trajetória, fala, com orgulho, do sentimento de vitória ao adquirir uma empresa concorrente – na área de refrigeração – em prazo diminuto e investindo capital mínimo.

A surpresa foi que a empresa comprada passava por dificuldades que, a princípio, não se sabia. O estoque já não lhe pertencia, estava em grande parte na mão de agiotas e as máquinas estavam penhoradas para bancos. O empresário conseguiu adquirir a empresa com recursos próprios. Logo depois, conta, o faturamento das duas empresas, independentemente, dobrou. O administrador José Luiz Palma atribui isso à boa estrutura administrativa nas áreas de vendas, finanças e tributação. "Eu estava no lugar certo, com o time certo, com a condição certa", diz. "Trabalhei 30 anos numa empresa familiar e de repente me vi num voo solo", relembra.

Como futuro, centra seu foco no Brasil e entende que o essencial é a cidadania, ou seja, o direito à educação, à saúde, às férias, ao trabalho diário no período de seis horas. Segundo ele, há esperança no futuro dos negócios com o Brasil exportando minérios e aumentando a fabricação de produtos manufaturados. "Não podemos produzir apenas matérias-primas, temos que gerar empregos, gerar riqueza aqui dentro. Vide o Japão, que não produz nada e olha a qualidade de vida que ele tem. Imagino o Brasil com a indústria e os serviços que tem o Japão", afirma o empresário.

Em relação aos passos a serem dados pelas empresas e organizações a fim de criar um mundo melhor para o futuro, o entrevistado se mostra cético. Diz não acreditar em empresa que tenha a visão de lucro juntamente com a visão de preservação ambiental. Para ele as empresas preservam o meio ambiente porque são forçadas a isso. Não é "que as empresas não tenham que dar nada, mas quem deve fazer isso é a comunidade, são as ONGs, é o governo que tem que apertar cada vez mais", diz. "Essa imagem de preservar o meio ambiente, de fazer algo pela comunidade, para mim, é tudo para inglês ver", assegura.

Quanto às estratégias propostas, Palma aponta em primeiro lugar o exemplo, ou seja, colocar em prática o que se defende que deve ser feito. O primeiro passo nessa direção refere-se à cidadania. Nesse sentido, reconhece que há dificuldade para manter a coerência. Ele não cita nenhuma história de inovação, pois não acredita que existam empresas que conciliem lucro e sustentabilidade nos dias atuais. "Não existe exemplo de ouro porque o objetivo da empresa não é atender às comunidades. O objetivo da empresa é atender ao acionista. E o acionista não quer meio ambiente. O acionista quer dinheiro", completa.

A questão que se coloca é se José Luiz Palma representa a voz dos empresários oprimidos pelas condições políticas ou econômicas, que acabam por se tornar descrentes quanto à possibilidade de uma articulação entre lucro e sustentabilidade.

DÓRIS CAMACHO
Atenção aos vínculos e ao meio ambiente

Publicitária formada pela Fundação Armando Álvares Penteado (FAAP) e pós-graduada pela Fundação Getulio Vargas de São Paulo (FGV-SP), Dóris Camacho foi premiada com o *London Advertising & Design Awards*. Há 21 anos ela dirige a Muller & Camacho, empresa de serviços de *branding*, *design* e comunicação. Co-autora do livro "10 Cases do *Design* Brasileiro", é voluntária da Associação Viva e Deixe Viver, de contadores de histórias, que trabalha em prol da humanização hospitalar, e do IVE, Imagens e Vozes de Esperança, movimento que procura conscientizar a mídia sobre o impacto das imagens e inspirar a veiculação de imagens mais benéficas à sociedade.

Dóris Camacho presta serviços para empresas na área de *design*, concepção de embalagem ou de produto, comunicação corporativa, endocomunicação, ou comunicação interna. Em seu relato, aponta como desafio a dificuldade para conciliar os propósitos de seu negócio "com os objetivos do cliente, a cultura empresarial, e conseguir produtos criativos de comunicação que possam diferenciá-la perante o mercado, que possam demonstrar a consistência e os valores de uma maneira séria, criativa e consistente", afirma.

Sua intenção é buscar a coerência, apesar dos desafios árduos da contemporaneidade. Sua forma espontânea e confiante de se expressar revela um cenário permeado de luta, por seguir uma visão de mundo na qual acredita, mas apontando certa melancolia perante os acontecimentos do mundo e da vida. A empresária cultiva o perfil da vencedora que não teme as batalhas e se prepara para enfrentá-las com os pés no chão.

Ao descrever sua atividade profissional, a empresária elimina o uso do termo "agência de propaganda". Seu argumento é que seu trabalho de comunicação e publicidade não diz respeito a agenciar nada. Refere-se, sim, à coordenação de grupos criativos para exercer determinada encomenda. Por isso, explica, ela busca a sintonia de sua linha de trabalho com a do cliente. Enfatiza a necessidade de que os clientes estejam abertos às trocas, o que pode se constituir em solo fértil para um futuro promissor.

Dóris Camacho revela a dificuldade de executar trabalhos que exigem abertura e criação em empresas autoritárias, com as quais prefere não mais trabalhar. A publicitária é otimista em relação ao futuro, embora no presente Dóris demonstre "marcas de pessimismo devido a muitas decepções políticas". No futuro, ela imagina, podem ocorrer milagres, tais como o respeito nas relações, o compartilhamento das diferenças de maneira mais saudável, a diminuição da violência e o reconhecimento de outro estágio de amadurecimento pessoal, humano e social.

Nos negócios, a empresária aponta o meio ambiente em alta o que, a seu ver, já é considerado importante por algumas empresas. Cita aquela com a qual teve mais contato durante os últimos anos: uma empresa de cimentos. Embora aponte que a conscientização veio tardiamente, ela acredita ser possível reverter algo no processo de destruição. O aspecto que a entrevistada salienta é que essas iniciativas podem trazer uma mudança no consumo, ou seja, no "comportamento em relação a produtos", ela explica.

Como estratégia, ela aponta o foco no vínculo entre as pessoas. Não se trata de um vínculo qualquer, mas de vínculos com qualidade e tempo para que eles se processem, com profundidade e retroalimentação permanente, de fato e verdadeiramente, para que não se transformem em relações banais. Por isso, ela vê a educação como a viga mestra. Enfatiza a importância da empresa em estimular a educação de seus funcionários de uma maneira que abranja não apenas o aspecto profissional, mas lhes ofereça ferramentas para o aprimoramento de sua qualidade humana.

Na empresa na qual trabalhou, a entrevistada não buscou, em nenhum momento, a luta desenfreada pelas metas, mas sim, dar um sentido à ação dos trabalhadores. Ressalta a importância de ter respeito à vida como um todo e a todos que compõem a rede humana. Afinal, todos podem ganhar com esse movimento, argumenta. Quem tiver força empresarial, é só usá-la para o bem comum. Respeito, educação e responsabilidade são as palavras-chave em seu discurso. A empresária nos fala da importância de exercitar a vocação de forma concreta, lendo e interpretando as necessidades do mercado e unindo-as a seus ideais de vida.

SÉRGIO ESTEVES
O papel dos negócios na inclusão humana

Sérgio Esteves é doutor em Administração pela Escola de Administração de Empresas da Fundação Getúlio Vargas de São Paulo (FGV-EAESP), diretor-presidente da AMCE Negócios Sustentáveis Ltda. e presidente do conselho diretor do Imaflora, Instituto de Manejo e Certificação Florestal e Agrícola.

O empresário Sérgio Esteves exerce funções executivas desde 1986, fez MBA em Administração e doutorado em Sustentabilidade. Trabalha em uma consultoria de gestão estratégica especializada em "sustentabilidade e responsabilidade empresarial". O que mais o atrai nesse trabalho, ele conta, é "a possibilidade de reinventar o papel das empresas na sociedade contemporânea, encontrar soluções de negócios que possam representar, ao mesmo tempo, um retorno em termos econômicos e socioambientais", destaca. Esteves tem posições definidas no que se refere aos valores que assumiu em determinado momento de sua vida, seguindo um "chamado" interno e se aventurando, corajosamente, pelos caminhos que considerava verdadeiros, porém sem certezas materiais, na época em que fez essa escolha.

Embora tenha uma visão empresarial humanista, Esteves não perde o pragmatismo, reafirmando a importância de encontrar soluções viáveis para a mudança nos negócios, para que possuam retorno econômico e socioambiental. Ele percebe as organizações ou, mais propriamente, o espaço onde os negócios se apresentam como uma atribuição essencial para a formação humana. Os negócios têm papel fundamental na geração de novas aprendizagens, ele diz, pois o que se conquista ali dentro são aprendizados sociais, lições que serão reproduzidas lá fora. Em sua proposta de mundo, fala do encantamento permanente com a vida e do deleite que sente com aquilo que faz.

Ele prevê mudanças no futuro a partir da construção de espaços públicos entre diferentes agentes, permitindo a inclusão autêntica das pessoas. Esteves acredita na implantação de uma educação que privilegie a vida e não o mercado de trabalho, eliminando os desníveis existentes. Quanto ao futuro dos negócios, entende que "tal como são concebidos hoje, não serão os negócios concebidos lá na frente". As referidas estruturas serão formadas por redes e diversos agentes. "Empresas, governo e organizações da sociedade civil envolvidas com questões complexas onde os negócios tenham participação, o governo tenha participação e a sociedade civil organizada tenha participação", exemplifica o empresário.

No entanto, Sérgio Esteves nota que nos dias atuais, a velocidade de destruição é superior à de restauração. Em sua ótica, isso se deve à "banalização da educação" e à insustentabilidade dos sistemas econômico e social vigentes. Ele chama a atenção para os modelos econômicos que, além de atentos à vida do planeta, servem à "equidade". Isso revela seu comprometimento com a vitalidade do mundo, que é como o empresário define sua dedicação ao ser humano e à sociedade como um todo.

No futuro, ele diz, os "negócios precisam levar em conta o bem comum. Só. Se o planejamento refletir questões de negócios e questões de bem comum, já é um grande passo". De acordo com ele, existem muitas iniciativas nessa direção, embora nem todas estejam sistematizadas. Em sua opinião, porém, as iniciativas que existem atualmente no ambiente corporativo brasileiro ocorrem "mais por intuição do que por intencionalidade e, dessa maneira, perde-se a possibilidade de olhar que esse é o ambiente do futuro", ele completa. Esteves afirma ainda que "essas questões precisam ser pensadas coletivamente e com metodologias que permitam a inclusão". Quanto aos passos para a concretização dessa mudança, Esteves reafirma sua convicção de que "não existe uma elite pensante ou uma elite econômica capaz de endireitar as coisas. Se fosse assim, já teriam feito", ele argumenta. O espaço inclusivo é que pode fazer isso, argumenta o empresário, ao mostrar novas alternativas ao mundo dos negócios. Sua fala reflete a inclusão enquanto possibilidade social.

Os passos para que isso ocorra, segundo ele, são a desconstrução de uma visão linear e a construção de uma capacidade de pensar a complexidade. Sérgio Esteves, por fim, traz à tona algumas questões práticas: "A ideia é ótima, mas como se resolve isso pragmaticamente? Como é que, tendo uma folha de pagamento de R$ 200 mil reais, por exemplo, consegue-se agir de acordo com os próprios valores?" É preciso idealizar e viabilizar um novo sistema a partir de questões contemporâneas, dentro de perspectivas que interessem a todos nós, conclui o empresário.

Os EMPREENDEDORES sociais como agentes de mudança

Reunidos no bloco dos Empreendedores, alguns inovadores sociais e colaboradores de comunidades ou organizações não-governamentais (ONGs) e entidades sem fins lucrativos revelam como abandonaram a carreira promissora para seguir o que denominaram de "chamado interno". Em seus relatos, embora exista o envolvimento com um sonho particular, há também o desencanto no que se refere à percepção da falta de valores e ética no contexto geral. No entanto, o "chamado interno" parece ser visto como mola propulsora de ação no mundo. Na perspectiva da construção contínua é que se dirige a fala de todos.

A coerência, na opinião dos empreendedores sociais entrevistados, deve acompanhar a relação com todos, na medida em que qualquer empreendimento está alicerçado nas relações. Esse processo parece estar presente quando o tema lucro é abordado. Para esse grupo, desenvolver uma atividade profissional não trata apenas da acumulação de dinheiro, mas de encontros diários permeados de coerência conjunta, com um propósito compartilhado. Isso implica reflexão, pois, muitas vezes, é preciso recusar determinadas propostas quando essa visão se assenta apenas no utilitarismo ou na conquista de bens imediatos e não na busca da sustentabilidade do mundo, justificam.

No campo da saúde, vê-se a importância do investimento em novas formas de contato com a doença, com destaque para o que alimenta a alma e provoca transformação em padrões de pensamento coletivo, evidenciando a importância dos vínculos para o restabelecimento da saúde dos indivíduos. O ritual de passagem vida/morte é reconhecido como essencial. Há uma preocupação com a sobrevivência não apenas do planeta, mas da raça humana. No presente, o foco principal de inquietação entre os entrevistados aparece em diferentes níveis de corrupção no governo e em como o país vive dos ganhos sobre a pobreza.

Os relatos apontam o descaso dos órgãos públicos com a população. Mostram que, no cotidiano atual, são pessoas solidárias que cuidam de outras ainda mais carentes, promovendo um convívio salutar e inclusivo, enquanto esses órgãos governamentais parecem não cumprir o papel que lhes é pertinente, estimulando a exclusão social. Os entrevistados concordam que é necessário que a colaboração ocorra na área de especialidade de cada indivíduo. Para eles, no futuro, aqueles empreendedores sociais cujos propósitos forem verdadeiros, sobreviverão.

O significado da arte também é analisado: trata-se de um permanente exercício de excelência, que atua em quem executa a obra artística, e igualmente no espectador. Parece que, novamente, este segmento da sociedade paulistana aborda o vínculo em sua qualidade de permanente construção e esmero do humano em seu sentido mais nobre.

A importância do educador recai em sua contribuição para reverter o atual estado de coisas. Há preocupação com os representantes do nosso futuro e sua responsabilidade como líderes e gestores do amanhã. A questão implícita aponta para o nosso projeto enquanto humanidade. Ou seja, como nos eternizar por meio de ações sustentáveis e garantir a sustentabilidade do mundo ou, ao contrário, deixar um legado de término, de morte dos humanos.

No futuro imaginado pelos empreendedores e agentes de mudança social, o foco localiza-se no compartilhar e na consciência do todo. Quanto ao futuro dos negócios, com a proposta de mais igualdade, se, por um aspecto há menos exclusões e mais oportunidades para os jovens, por outro, no processo educacional, há estímulos para a luta pelos objetivos almejados, de maneira ética, com gratidão e observância a valores. Os negócios devem estar a serviço da vida, dos valores humanos, com escuta mais atenta ao outro, às suas necessidades. Não se trata de fazer só o que o outro deseja, mas considerar a totalidade da vida e das relações coletivas.

O grupo de empreendedores sociais defende que é necessário repensar o conceito de lucro e as estratégias para obtê-lo, entendendo "que o lucro é apenas uma medida", ou seja, "o efeito". O utilitarismo que toma o lugar da natureza, e os efeitos dessa ação, parecem não ser objeto de uma reflexão profunda o suficiente. Os entrevistados defendem que os líderes devem sofrer uma transformação na maneira de pensar e colaborar com as organizações, no sentido de utilizar novas ferramentas nesse processo. Essa seria a responsabilidade social com uma visão mais abrangente, afirmam.

Dessa maneira, tanto a comunidade fora da empresa, como os funcionários e os voluntários de uma organização operariam de acordo com valores semelhantes, fortalecendo os indivíduos e os grupos. A solidariedade, o acolhimento, a informação e a alfabetização atuam como aspectos concretos na composição de uma visão de sustentabilidade se fazendo no presente.

A proposta de compartilhamento dos saberes específicos, de melhorar e ajudar o outro, é apontada como a chave no futuro. Todos os empreendedores atuam nos seus negócios segundo aquilo no qual acreditam. Outro ponto é o quanto as classes sociais se igualaram no que se refere à sexualidade, às drogas e à falta de respeito ao direito à vida. Dessa maneira, os fatos evidenciam a importância das ações organizacionais em que haja ganho para todos e nas quais as relações sejam autossustentáveis.

DENISE ALVES LOPES ROBLES
Essência e autoconhecimento em foco

Denise Alves Lopes Robles é psicóloga, fundadora e gestora de uma Organização da Sociedade Civil de Interesse Público (OSCIP), entidade privada com atuação no setor público batizada de Programa Social Gotas de Flor com Amor (www.gotasdeflor.org.br). Consultora para o Terceiro Setor especializada pela Fundação Instituto de Administração (FIA-USP), Serviço Nacional de Aprendizagem Comercial (Senac), ela também é delegada do Brasil e da América Latina pela TDH – *Terre des Hommes*, da Alemanha, além de ser *fellow* da Ashoka.

A empreendedora Denise Alves Lopes Robles se descreve como desde sempre atraída pelas questões sociais. Quando criança, diz, sentia vontade de compartilhar seus conhecimentos com as pessoas. No catecismo, por meio de sua criatividade, engendrava aulas em que todos pudessem encontrar seus objetivos de vida. Ao trabalhar em recursos humanos sentiu-se frustrada, pois embora desenvolvesse o potencial gerencial nos empregados, deveria ceder diante das indicações e das ingerências de instâncias superiores.

Ela conta que em 1992, embora não tivesse a intenção de criar uma organização social não-governamental, decidiu abandonar sua carreira em função de "um chamado interno" e dedicar sua "expertise profissional, como psicóloga e terapeuta floral, junto a comunidades de pessoas que vendiam doces nas ruas". Embora estivesse em um momento promissor de sua vida profissional, com oito atendimentos diários em consultório, lista de espera e chamados para realização de palestras, apaixonou-se pela nova possibilidade e abandonou o que fazia.

Inicialmente o novo atendimento passou a ser em seu consultório, em parques ou no galpão da prefeitura municipal. Ao conhecer a vida das pessoas da comunidade e poder contribuir para uma nova visão, percebeu-se satisfeita. Seu trabalho se ampliou e, hoje sua organização tem sede própria e sete unidades, sendo que duas delas aguardam parcerias.

Denise avalia que sua vida é pontuada por marcos: sair da empresa no auge da carreira; optar por ter consultório e, posteriormente, ainda no auge, se aventurar na área social. As escolhas foram difíceis, mas complementares, segundo ela diz. Com sensibilidade, comenta sobre as mudanças e a flexibilidade necessárias para o desempenho de tão diferentes papéis em um mesmo dia. Entre suas atribuições atuais estão o trabalho com as comunidades e as reuniões em bancos, como executiva, fazendo apresentação multimídia, planejamento da organização e discutindo valores. Ela ressalta a importância de acreditar no que se faz, sonhar e ir atrás do sonho.

Quanto ao futuro dos negócios, a terapeuta propõe a criação de "situações coletivas com mais igualdade, menos exclusões e mais oportunidades para os jovens, que deveriam aprender a arte da conquista e não apenas se acomodarem esperando que alguém, ou associação, lhes dê faculdade e emprego". Aí estaria o papel fundamental da educação, em ajudá-los na "formação com ética, gratidão, valores e proatividade. O processo de educação deve ocorrer dos dois lados", explica. Tanto sob a perspectiva do gerente ou do empreendedor dos negócios, quanto das pessoas da comunidade. Deve haver um objetivo único, uma "cultura da paz" que norteie os demais valores. E completa dizendo que se todos fizerem parte do crescimento, não há vítimas.

Como terapeuta floral, Denise tem sua iniciação com os florais californianos, cuja missão é instaurar uma reflexão no sentido de as pessoas se perguntarem "por que estão neste planeta e não em outro", além de refletir sobre o por quê de "serem pobres e não estarem em melhor condição". Ou seja, de aprenderem com a oportunidade e não apenas se acomodarem à situação.

A estratégia de ação, para ela, está centrada no autoconhecimento e em se compreender e ouvir a comunidade, bem como os educadores, para fortalecer alianças em direção a uma produção conjunta. Ela afirma já colocar em prática essa estratégia. Quanto às empresas, ela dá ênfase não apenas ao acesso à comunidade, mas ao trabalho social dentro da própria organização, com o incentivo ao crescimento de pessoas de menor nível hierárquico. Isso, segundo sua opinião, é viver a responsabilidade social como um todo. A comunidade vizinha, os funcionários e os voluntários estariam todos operando em torno dos mesmos valores, atuando em ondas, tanto individualmente quanto em grupo, conclui.

ANA ESTEVES
O bem comum nas decisões diárias

Psicóloga com experiência em recursos humanos (treinamento, seleção e educação), Ana Esteves é sócia e diretora da consultoria AMCE Negócios Sustentáveis Ltda. Com especialização em Psicologia Social no Instituto Pichon-Rivière de São Paulo, em determinado momento de sua carreira, decidiu voltar seu interesse para projetos sociais, empresas e engajamento com a sociedade. Sua formação como coordenadora de grupos operativos permitiu que ela desenvolvesse um trabalho com lideranças comunitárias. A partir daí, decide agregar sua vivência comunitária à empresarial. Seu percurso profissional é permeado de objetivos sociais e da busca por um aprimoramento do que é abundante em cada um de nós, a "prosperidade da vida", sintetiza.

Depois de ter sido consultora autônoma, Ana Esteves percebe-se hoje como uma empreendedora. De acordo com ela, o grande desafio de empreender é permanecer alinhada ao próprio propósito, sem perder a coerência. Relata o seu início, a partir de 1997, trabalhando com o conceito de sustentabilidade empresarial e com a necessidade de mobilizar diferentes atores, como empresas, agentes comunitários e sociedade civil. Essa atitude, diz, foi equivalente a sair de um porto seguro e dar um salto, munida da crença de que aquilo que concebia era o correto.

Estar junto com outras pessoas alimenta a confiança e dá força para ela superar o medo, reconhece. Em seu percurso, Ana Esteves saboreia a criação e o compartilhar referências no cuidar das relações, o que ela nutre e na qual subjaz sua crença de sustentabilidade. Nesse sentido está a sua coerência no trato com clientes, pois ao se construir um ambiente, uma empresa, um empreendimento, é preciso "construir relações que consigam cotidianamente dar conta dos desafios", afirma.

Como aprendizado, Ana Esteves fala da experiência de realinhar suas expectativas e, mais uma vez, investigar seus verdadeiros motivos, se articular apenas com sua intenção e escolha. Independentemente do resultado, sua opção foi trabalhar dentro de uma determinada concepção de mundo. Embora esteja atenta ao que é solicitado nos tempos atuais e denominado por distintos nomes, como "atuação gerencial ou estratégia empresarial", entre outros, ela defende uma perspectiva de empreendimento responsável, ou seja, estar no mundo sem destruir tudo à volta. Sob esta perspectiva, aponta a importância de abolir a visão de que se pode "consertar depois" do estrago feito, com "ações compensatórias". Pelo contrário, argumenta, a vida é o agora.

Para ela, o empreendimento tem uma natureza muito própria, que é a de gerar lucro para subsistir, mas é preciso rever o sentido de lucro. "Não o lucro como acumulação pura e simples, mais e mais a qualquer preço", diz. Para isso, é preciso clareza pois diante dos riscos somos checados sobre os nossos reais valores. Os negócios no futuro, em sua visão, estarão a serviço da vida e o valor dos seres humanos será privilegiado. A diferença está em uma escuta mais refinada do outro a fim de integrá-lo na perspectiva da organização. A produção ocorrerá não só fazendo o que o outro deseja, mas considerando a vida como um todo. Hoje, para ela, a violência advém da banalização da vida e do valor humano.

Quanto às estratégias para colocar em prática sua visão de futuro, Ana Esteves enfatiza a solidariedade, o acolhimento no sentido de dar possibilidades de bem-estar material, informação, alfabetização e outros aspectos concretos como os fatores de sustentabilidade. Entende que as mudanças positivas são aquelas que fazemos em nós mesmos. Para ela, é preciso que as empresas integrem, efetivamente, em seus planejamentos, a concepção de que não é preciso fazer algo paralelo ao negócio para ser sustentável. Que o sentido de bem-estar comum tem que estar embutido nas decisões diárias, no plano de negócio, na proposta estratégica, na gestão.

Em sua opinião, hoje parece haver vida em duas vias: uma fora e outra dentro do negócio. Faz-se necessário que as pessoas integrem em si tais referências. O que está em jogo, afirma a empreendedora, é "a capacidade de transformação pessoal de cada um de nós para dar conta desse fazer". E isso também faz parte da estrutura organizacional, afirma. Como ferramenta de inovação no negócio, sugere o diálogo e a abertura genuína para o outro, com o resgate da sensibilidade e da capacidade de conversar. A especialista em recursos humanos fala da possibilidade de estar atenta, mas sem tensão, com foco no objetivo, na vida e no compartilhar a sustentabilidade da existência.

VALDIR CIMINO
Humanização, o alimento do espírito

Profissional de marketing e contador de histórias, Valdir Cimino é educador, presidente e fundador de uma entidade ligada ao Terceiro Setor, a Associação Viva e Deixe Viver, e diretor da CS.PRO – Assessoria em Comunicação Sustentável. Seu currículo registra passagens por agências de publicidade como McCann Erickson, Norton Publicidade e Avanti – C&A Modas. Além da participação na implantação da MTV Brasil e da central de marketing da Rede Globo de Televisão.

Valdir Cimino relata seu processo de inconformismo com a área de comunicação que, em sua opinião, não alerta o consumidor sobre o que ele de fato consome. Conta que se comoveu ao perceber a própria passividade como colaborador do Hospital Emílio Ribas, em São Paulo, e o quanto as crianças, além de doentes e de sofrer preconceito por estarem no hospital, também não tinham voz perante o medo.

Comenta que, a partir da escuta, conseguiu mobilizar os profissionais para mudanças na arquitetura do hospital, a qual ficou mais arejada e passou a expressar uma nova relação com os pacientes. De acordo com ele, tudo o que nutre a alma e provoca mudança mental concorre para a saúde. Destaca o prazer sentido ao reconhecer a mudança nos profissionais da saúde, antes "tão frios, sérios e, de repente, amigos". Muitos entenderam que basta conversar e trocar informação, afirma. A criança deve ser atendida em espaço de criança, já o tratamento de adulto é diferente, diz. Cimino cita exemplos como o Global Hospital, na Índia, incluindo escola e meditação para os sujeitos que produzem saúde, a Santa Casa de Misericórdia e o Instituto de Psiquiatria do Hospital das Clínicas, ambos em São Paulo, que cuidam do processo de higienização para que os cachorros visitem as crianças, além de ter ambiente alegre, iluminado e colorido.

Diante de pesquisas que apontam a falta de engajamento político dos jovens, ele colaborou na confecção de uma cartilha, apoiada pela Associação Brasileira de Anunciantes (ABA), sobre o líder do futuro e sua responsabilidade pessoal. O entrevistado discute a estrutura e o processo educacional da medicina hoje, que estimulam o não-envolvimento com os doentes. "Quando não nos comprometemos, algo falhou nesse processo, e o ser humano deixa de ser humano, e a saúde deixa de ser humana", ele diz.

Em sua visão, é preciso valorizar o trabalho voluntário, pois no Brasil "ser voluntário é ainda muito complicado, é ser assistencialista, vai quando quer, faz quando pode, não tem comprometimento". E acrescenta que só uma porcentagem pequena de pessoas coloca essa atividade como missão de vida. Seu objetivo é capacitar o voluntário para a arte de contar histórias, brincar com pacientes infantis, e com isso desenvolver um maior compromisso com a causa da saúde, com cultura e informação. A constância das ações permitirá uma transformação nos voluntários, no ambiente, na criança e na sociedade, diz.

Quanto ao futuro dos negócios, ele comenta que "a indústria do diagnóstico vai ter que mudar e se repensar". Para ele, os médicos terão mais tempo para conversar com os pacientes, entendendo da integralidade desse ser humano, que não será tratado como um câncer, um fígado doente ou um dedo do pé machucado. Dessa forma, entende que "as pessoas vão ser mais amáveis, se tocar mais no processo de cura. Vão ser menos icebergs". Sonha, ainda, com remédios acessíveis. E chama a atenção para os profissionais da saúde que, muitas vezes, sentem-se tocados e impotentes, sem saber se discriminar daqueles de quem cuidam, o que provoca alto índice de suicídios e uso de drogas. A partir de uma visão humanista, justifica, haverá um processo não só econômico, mas espiritualmente melhor, pois estaremos "alimentando a alma". E assegura que "a doença maior das pessoas está na alma".

Ele vê no futuro um processo positivo, pois com o enfoque no indivíduo, o alimento da alma e as relações serão de outra ordem. Para Cimino, as empresas podem contribuir para uma nova qualidade de vida. Por isso, destaca a importância das empresas conhecerem os seus impactos na comunidade, tanto no presente quanto no futuro. Como estratégia, ele menciona atitudes provenientes da visão humanista nos gestores. Em sua opinião, as empresas não atentaram para essa transformação.

Em sua visão de futuro, as pessoas perderão menos tempo. O reflexo no resultado será decorrente de uma maior consciência, sentida ora dentro da empresa, como trabalhador, ora fora dela, como consumidor. Já as organizações deverão pensar na necessidade do consumidor e no benefício do sistema como um todo. Seus funcionários trabalharão mais felizes e o ambiente interno da empresa terá outra qualidade. Como estratégias de ação para concretizar essa visão de futuro, ele aponta a necessidade de indicadores para mensurar mudanças e melhorias sociais.

CIBELE DE MACEDO SALVIATTO
Bom para o mundo, melhor para mim

Formada em Administração de Empresas pela Fundação Getúlio Vargas de São Paulo (FGV-EAESP), Cibele de Macedo Salviatto é sócia fundadora da Atitude Sustentável, empresa de consultoria com foco em fomento de estratégia sustentável em corporações, com dez anos de atuação no Brasil. Também é facilitadora de Pathwork e terapeuta formada pelo DEP, ou Dinâmica Energética do Psiquismo. O propósito de sua empresa, explica, é "integrar a necessidade de geração de lucro com a preservação ambiental, o respeito às comunidades, à sociedade e aos funcionários". Sua proposta concilia a "visão mais espiritual e de autoconhecimento" com a visão organizacional. Seu trabalho precedente foi na área financeira, de planejamento estratégico, e seu objetivo naquela ocasião, ela afirma, era somente "ganhar dinheiro".

Há mais de 16 anos, o sócio de Cibele de Macedo Salviatto trabalha em uma das cinco maiores consultorias mundiais no setor. Ambos partem da crença de que é "possível disseminar a consciência de juntar lucro com a questão ambiental e humana" para líderes empresariais e, em "um segundo momento, munir esses empresários de ferramentas para implementar isso no seu dia a dia de trabalho", ela resume.

Relata dois fatos marcantes que a obrigam a revisitar seus propósitos de vida. O primeiro foi a formação no *Pathwork*, trabalho de autoconhecimento baseado "no propósito de que na vida não se pode ser tão egocêntrico", o que contrastava com a sua atuação profissional naquele momento. Em busca de algo que atendesse a "um propósito maior, não só de enriquecimento do acionista e do seu bolso", consultou-se com um médico homeopata que lhe recomendou a leitura do livro "Capitalismo Natural"[37], onde constam "diversos relatos de como é possível, através da criatividade, juntar questões ambientais com questões econômicas; questões sociais com questões econômicas e ambientais".

Vários pontos lhe chamaram a atenção, dentre eles a necessidade de mudar a maneira de pensar: abandonar a ideia de que o "bom para mim é bom para o mundo" e trocar para "o que é bom para o mundo é bom para mim". Uma visita à Native, empresa produtora de alimentos orgânicos, foi o segundo episódio definitivo para sua transformação. "Seu Leontino", o fundador da marca Native, relembrou seu percurso, as suas dificuldades e tratou de temas que pareciam vir ao encontro da busca pessoal de Cibele.

"Seu Leontino" foi alvo de críticas e oposições de todos os lados, inclusive da família, conta a entrevistada. Seu argumento era que os agricultores europeus praticaram no Brasil o mesmo modelo de agricultura da Europa, onde neva parte do ano e é "necessário arar a terra, pois os nutrientes estão debaixo da primeira parte do solo, já morta". No Brasil, ao contrário, os nutrientes estão à sombra das árvores, que foram derrubadas ao longo dos anos, diminuindo a quantidade de nutrientes no solo, ele diz. "A agricultura deveria ter sido feita de outra forma, mantendo as camadas onde caem as árvores, porque é isso que dá nutriente, é como os índios faziam aqui", argumenta.

Como visão de futuro, Cibele enfatiza a preocupação com a sobrevivência não só do planeta, mas da raça humana. Diz que empresas multinacionais como a British Petroleum, a Petrobrás ou, General Electric, além de possuírem faturamento maior que o Produto Interno Bruto (PIB) de muitos países, elas têm mais poder do que muitos presidentes, inclusive do Brasil. Afirma que "interesses econômicos egocêntricos são mais poderosos do que as políticas públicas sociais de um estado político".

---

[37] Referência a HAWKEN, Paul; LOVINS, Amory; LOVINS, Hunter. *Capitalismo Natural. Criando a próxima revolução industrial*. São Paulo: Cultrix e Amana Key, 2000.

Imagina os negócios imitando um processo de adaptação e ajuste que ocorre na natureza, chamado "biomimetismo", com a criação de "produtos, processos e mecanismos" que imitam o ambiente natural e reproduzem comportamentos. As empresas não precisarão sintetizar produtos em laboratório, mas promoverão uma volta à natureza, com a adequação aos ciclos da terra. No caso do lixo, o próprio meio ambiente poderá absorvê-lo, transformando os resíduos em adubo, avalia.

Para isso ocorrer, argumenta, é necessário que os líderes das empresas passem por uma transformação interior. Sua empresa tem a perspectiva de ajudar as organizações nesse processo, que é o ponto central para as mudanças do futuro, na visão dela. Sobre as estratégias propostas, acentua que a auto-responsabilidade das empresas, sua coerência advinda da percepção das diferenças socioeconômicas, sua gestão, e não a filantropia, podem alterar a situação presente, aqui e no mundo.

PADRE DILERMANDO COZATTI
Rede de boa vontade contra a corrupção

Sacerdote a partir de 1971, Padre Dilermando Cozatti SDB (Salesiano de Dom Bosco) é professor desde 1965 e se tornou salesiano um pouco antes, em 1961. Optou por trabalhar pela juventude pobre e abandonada com projetos próprios na área social, e enxerga o mundo sob o prisma cristão. Padre Dilermando revela experiências, aponta desafios e algumas decepções com o ser humano. Apesar disso, afirma que nada disso o desvia do sonho de transformar crianças e adolescentes, de classes menos favorecidas, em parceiros de descobertas e transformações. O sacerdote assegura que seu olhar vai além da pobreza. Reconhece a humanidade nas pessoas, que não necessitam de esmola, mas de dignidade.

Padre Dilermando Cozatti destaca em sua história de vida a identificação com o que chama de "projeto profético", que descreve em três aspectos: a percepção do que deve ser construído em um reino de verdade, justiça e amor; a comparação e a denúncia do que ocorre de fato e, por fim, a necessidade de uma ação proativa, de construção. O sacerdote salesiano destaca que, em geral, surgem pedras no caminho quando se empreende uma jornada heroica com triunfo. Conta que vive hoje parte do seu sonho, ainda não completamente esgotado.

Refere-se à necessidade de empenho em atuar em questões da vida, como prevenção à gravidez em adolescentes, mais do que em relação às questões da morte, como o aborto. A partir de seu aprendizado na convivência com jovens, padre Dilermando Cozatti afirma que a mudança é possível quando há um compartilhar de habilidades e investimentos próprios. Comenta que, em Londrina, no Paraná, o processo de distribuição de comida ficou tão sofisticado que um grupo de cinco professores universitários cozinhava aos domingos para "os trombadinhas e os trombadões do centro". Ele descreve o roteiro: "as pessoas cozinhavam, uma pessoa ia buscar a comida, e com seu carro a levava para a praça, onde cento e cinquenta crianças se alimentavam".

O entrevistado afirma que essa iniciativa de sucesso foi resultado de questionamentos como "o que eu posso fazer?" ou "o que eu tenho para dar?" para resolver o problema da violência urbana? Com posicionamento político, porém apartidário, o salesiano diz que o conflito familiar em geral conduz as crianças a preferirem a rua em vez de seu lar. Diante desse fato, elas partem para o crime antes de serem adotadas, porque as leis só dificultam, ele pontua.

Quanto à visão de futuro, sua ênfase recai na questão da terra, do enraizamento dos agricultores à sua comunidade. Não é necessário "ser proprietário da terra, basta desenvolvê-la", defende. "O direito de viver do ser humano está sendo tirado porque há 'mensaleços' nas próprias tribos indígenas. Troca-se comida por bebida", relata. Para o padre Dilermando, as classes se igualaram no que se refere à sexualidade e às drogas. Por isso, sua crença é voltada para a educação dos jovens. Ao abordar a pobreza, o sacerdote não fala em compartilhar sobras, mas de fazer um investimento inteligente, por exemplo, com os alimentos dispensados em armazéns e entrepostos.

Em relação ao futuro dos negócios, considera que "o dinheiro público é mal empregado. Deveríamos mudar a história, o curso da ética, da política, da escola, porque o honesto cidadão se forma na família", diz. O entrevistado acredita que, na "escola da família e da vida devem existir empresas e parcerias, pois ninguém tem o direito de progredir sozinho. Se alguém sobe sozinho, alguma coisa está errada, porque a solidariedade faz parte do ser humano". Sua proposta é "sermos solidários".

No que diz respeito às estratégias para viabilizar sua visão de futuro, o sacerdote salesiano espera que as empresas não cresçam sozinhas. Cita exemplos de projetos sociais bem-sucedidos com crianças de rua, que foram profissionalizadas por meio do recolhimento de sucata da montadora japonesa Honda. Relata que quando havia o "Projeto Aprendiz", além da ajuda de custo proporcionada pelo governo, a vida de muitos melhorava graças ao aprendizado. Cita exemplos como o de um garoto pobre, vindo do Nordeste, que foi alfaiate e se tornou gerente do Banespa*, onde se aposentou. Outro "era guarda de prédio e se tornou alguém de destaque", com cinco filhos, conseguiu fazer sua vida em São Paulo e se aposentar, diz. Sobre os episódios de irregularidade de políticos, os "mensalões" e "mensalecos", o sacerdote argumenta que há diferentes níveis de corrupção e que o país vive dos ganhos obtidos com a pobreza. Como estratégia de ação, o sacerdote salesiano fala do sonho em criar um país solidário, no qual todos participem da transformação da pobreza com o seu próprio esforço ou, como ele próprio diz, com uma rede de boa vontade. Cada um se perguntaria o que poderia oferecer para enfrentar determinado problema ou obstáculo. Esse é o seu lema de vida.

---

* Atual Santander.

FÁBIO RIBEIRO
Formação de jovens como vantagem competitiva

O paulistano Fábio Ribeiro, de 54 anos, é empresário há quinze anos e possui um grupo de produtoras de audiovisual. Atualmente exerce o cargo de Diretor de Conteúdo da Band Outernet, empresa de mídia digital do Grupo Bandeirantes de Comunicação. Ele também preside a ABDOH, Associação das Empresas de Mídia Digital Out of Home. Em 2007, ele fundou a TVO (mídia digital em ônibus urbanos), vendida ao Grupo Bandeirantes. Também participou da criação das empresas de produção audiovisual Radar Cinema e TV, em 1992, e Mixer, em 2003.

Fábio Ribeiro define-se como tendo "uma visão heterodoxa", enquanto seus sócios têm "uma formação artística", ou seja, ele é um homem prático trabalhando em meio a sonhadores. Revela que nenhum dos sócios possui formação universitária, embora todos tenham apurada visão de negócio.

Em seu relato, faz uma crítica à educação atual e apresenta uma proposta bem-sucedida para educar os jovens. Cita como exemplo de atividade inovadora na sua área o Criarte, projeto do apresentador de tevê Luciano Huck, que formou a primeira turma de cem garotos em onze cursos profissionalizantes, o que inclui operador de câmera, roteirista, maquiador, entre outros. Os garotos e as garotas recebem salário e atuam na função que preferirem, dentro da escola. Recebem aulas com profissionais do mercado e, quando saem, já estão trabalhando. Ribeiro conta que sua empresa incorpora a maior parte desses jovens recém-formados.

Em sua visão, iniciativas como essa são autossustentáveis: a empresa é beneficiada, usam-se recursos internos, gerando receita e "formando pessoal", diz. "É uma relação ganha-ganha, ótima para todo mundo", garante. Nos próximos anos, ele espera ter mais estagiários, mais funcionários e "capacidade maior de produção". Como estratégia de ação, ele coloca o ganho para todos como parte do negócio.

A incerteza perante o risco é inevitável! Por isso, ele recomenda prudência nos negócios. Explica que ao afirmar, por exemplo, "tenho certeza que esse negócio não vai dar certo, então não vou entrar nisso", pode-se perder uma oportunidade de rearranjar os negócios de forma que acabe dando certo. Quando, por outro lado, se afirma "tenho certeza que esse negócio vai dar certo, esquecemos de olhar os 80% de detalhes que eram importantes, e assim o negócio pode não ser bem-sucedido".

Assim, ele propõe uma imagem transformadora na qual todas as ações organizacionais precisariam gerar ganho para todos. Ele defende que as iniciativas sejam autossustentáveis porque o voluntariado não se estende pela vida toda, ele argumenta. Muitas vezes, o voluntário é aquele que fica com a consciência pesada por ter consumido excessivamente no shopping center, e se porpõe a incumbência de dedicar à população carente uma vez por semana, ou ser voluntário em uma entidade. Mas esse tipo de "caridade tem prazo de validade, está ligada à culpa", assinala. "Depois a culpa passa e o espírito voluntário acaba", diz.

Em sua imagem de futuro, a maioria das escolas, no formato de hoje, deixará de existir. E em dez anos, o mercado audiovisual deixará de ser artesanal para dar lugar a uma indústria madura. Outro ponto de impacto será o fim da impunidade, prevê. Ele ressalta que há no país quem se beneficie de vantagens competitivas que não são eticamente corretas, como exploração de mão de obra barata, infantil e escrava. Por isso, defende a concorrência, pois sem ela não há evolução. No entanto, se a concorrência for desleal, ela passa a ser predatória. Cita como exemplo a Ásia, cujos produtos são desmedidamente baratos em razão do baixo custo da mão de obra.

No Brasil, a vulnerabilidade está na carga tributária elevada e desigual, argumenta Fábio Ribeiro. Dessa forma, quem sonega fica com uma vantagem competitiva e acaba minando a concorrência, mesmo que a competência de ambos esteja no mesmo nível, diz. Quem recolhe os impostos corretamente fica fora do mercado, explica. Na prática, a carga tributária alta acaba incentivando o sonegador. Por isso, ele defende a evolução dos mecanismos tributários de forma a equalizar essas vantagens.

ISABELLA PRATA
A ilusão do sucesso profissional

Isabella Prata é fundadora do Instituto Escola São Paulo, que proporciona educação por meio da cultura contemporânea. O projeto, que ela criou e dirige desde 2006 oferece estudos em artes para estudantes, professores e educadores da rede pública, além de suporte financeiro para jovens artistas e manutenção de espaço cultural aberto e gratuito com exposições, eventos culturais, biblioteca e filmoteca. Ela afirma ter "pequena experiência em organização social para crianças" e "larga experiência com instituições culturais".

Mesmo tendo sucesso profissional, Isabella Prata decidiu parar e inquirir-se sobre o que, de fato, fazia sentido em sua vida. Iniciou um período sabático que se estendeu por mais de um ano. Como resultado, ela fechou seu escritório e passou a recusar trabalho assumindo a frase: "não estou trabalhando no momento". Descobriu que nunca havia parado para pensar nas questões da espiritualidade antes. Relata que ao fazer uma reflexão sobre seu presente, quando imaginava estar "no ápice" do sucesso profissional, vivia "uma ilusão".

Com experiência na área de captação de recursos, Isabella ampliou seu horizonte focalizando a clientela capaz de atender a algum clamor interior ou a uma visão de mundo melhor. Usou seu conhecimento profissional como recurso para administrar instituições que, segundo ela, situam-se entre o assistencialismo e o desejo de profissionalismo. Nessas instituições, diz, em geral há uma desorganização nas finanças e uma estrutura administrativa muitas vezes confusa e engessada. Ela resolveu montar uma empresa de produção para atender a essa demanda. Logo depois, sentindo-se estressada na atividade de captar recursos, mudou sua empresa para consultoria e passou a trabalhar com "produtores e captadores de recursos".

A partir daí, colocou seu foco na área infantil. Começou por averiguar os orfanatos, e encontrou ali uma forma de contribuir para a sociedade. Especialistas a alertam sobre a barreira que as instituições costumam impor para receber ajuda nas questões financeiras, administrativas e contábeis. Isso ocorre por diferentes motivos, desde a rejeição ao controle externo até a aversão à mudança na estrutura ou à eliminação de pequenos privilégios que, juridicamente, pelos estatutos, não poderiam ocorrer.

Isabella comenta que há muitas instituições corretas e de boa intenção, "mas todas têm um problema grave, que é a documentação". Em sua opinião, diversas dessas entidades perdem direito ao apoio do governo e da prefeitura porque não têm registro nem estão inscritas em certas organizações. "Para isso, elas precisam de três anos de contabilidade equilibrada, no mínimo, além dos Fundos de Garantia pagos, Previdência Social e INSS em dia", diz. Segundo ela, há quem nunca tenha "prestado contas ao fisco, apesar de ter CNPJ".

Em sua visão de futuro, as pessoas vivem suas singularidades a partir de uma mudança interior. As condições de vida levam cada um a lidar com seus recursos interiores de maneira positiva e harmônica para o conjunto. As empresas atuam de forma coerente com esse novo desenho de mundo, entendem que os maus tratos psíquicos podem se multiplicar e instaurar um dano social. Ao perceberem essa lógica, elas atuam construtivamente. Em seus comentários sobre sua antiga maneira de pensar, ela reconhece ter vivido "a ilusão" de que ser mulher "é mais difícil, mais duro, mais árduo; então tem que batalhar e conquistar, ser agressiva, mais seca e fria. E isso mata o humano em nós", conta.

No futuro imaginado, sua ênfase recai sobre o amor incondicional. "As pessoas não julgarem umas às outras, não desejarem o que as outras têm, conseguirem olhar para dentro, verem mais suas qualidades do que seus defeitos; compartilharem seu conhecimento, seu amor, seus bens." Há transporte e trabalho, "uma fonte de renda, acesso à escola, aos estudos e à saúde para todos. Além de comida, roupa e aquecedor no inverno". Basta que cada um viva a sua história, ela imagina.

A empreendedora diz que há "muito ego destrutivo" no mundo corporativo. E que o efeito dos maus tratos é multiplicador nas empresas, e se reflete nas relações familiares. Para ela, o ideal seria as empresas oferecerem uma remuneração devida e benefícios como atenção e apoio às necessidades eventuais. Quanto às estratégias de ação propostas em direção ao futuro sonhado, ela sugere a criação de um órgão governamental responsável pela regularização das instituições de assistência ao menor no Brasil e no mundo.

CARMEN BALHESTERO
Consciência, espiritualidade e sabedoria

Especializada em metafísica, Carmen Balhestero é fundadora da PAX, organização filantrópica com sede única em São Paulo, que oferece 35 atividades gratuitas por semana. Semanalmente, ela auxilia onze instituições de crianças, idosos e portadores de HIV, recolhendo roupas e mantimentos durante as atividades gratuitas da instituição. Há três anos, ela criou a Rádio e TV PAX, ambas acessadas via internet, nos endereços www.radiopax.com.br e www.tvpax.com.br.

Líder espiritual do centro de meditação que reúne pessoas de diversos credos, Carmen Balhestero se percebe como uma pessoa feliz e realizada. Legalizou-se profissionalmente como professora de inglês, foi tradutora durante 11 anos, deu aula em faculdade e elaborou questões de inglês para vestibular. Até começar a ter *insights* frequentes de que "precisava começar a se direcionar para a irradiação, a meditação pela paz e pela cura na Terra. Precisava ensinar as pessoas a rezarem de um modo diferente", relata.

A ex-professora de inglês inaugurou um "centro ecumênico de luz", local onde são reverenciadas todas as filosofias e religiões. Em seu espaço são convidadas pessoas da mídia para apresentações ou então ela mesma realiza palestras sobre assuntos polêmicos, de cunho científico ou religioso. Dedica-se a "um trabalho de meditação pela paz e pela cura na Terra há 22 anos". Fala sobre a parte prática da felicidade. Ao orar, diz perceber os resultados concretos.

Embora discurse sobre a devoção, ela acentua a importância do conhecimento, daí chamar pessoas gabaritadas para dar palestras em seu espaço. Embora gratuitos, os eventos ainda não são tão procurados quanto Carmen esperava. Sua missão de vida, ela diz, é reunir aqueles cuja busca se traduz em "*voltar-se para o eu interno, reconhecer o deus de cada um e rezar para que aconteça a mudança*", ela explica.

Como visão de futuro, a entrevistada acredita em um mundo diferente do atual e diz que a percepção das pessoas e dos valores está mudando. Em sua concepção, Deus criou o ser humano com ego, que é a alavanca para a maestria. Ao dominar o seu ego e administrar o seu poder, ela afirma, o ser humano cria em vez de manipular. Assim, ela percebe a educação no futuro marcada pela criatividade, pelas artes, visto que "o mundo é o que está em nossa imaginação. A criança estimulada a criar desde cedo não é treinada para sofrer e assim reconhece a natureza e os aspectos positivos".

Em seu futuro dos sonhos, o dinheiro não será mais o centro do mundo. "Os valores serão a integridade, os valores internos." Ela fala ainda de "uma nova moeda entre todos os países, de uma sociedade mais fraterna e una". Do ponto de vista social, prevê no futuro "as pessoas se ajudando, vivendo os pontos positivos de cada um, de cada país, de cada cultura". De acordo com ela, a área humana estará no centro dos negócios, com as empresas ajudando as pessoas a crescer e a se desenvolver, "a ter condições de vida melhores, saúde melhor". Mesmo os que produzem alimento, calçados ou vestimentas o farão com consciência, ela diz, "o que falta hoje em dia".

A consciência do dinheiro estará voltada para o bem comum, afirma. E acrescenta que ainda há muita gente fazendo tudo por dinheiro. Segundo ela, há quem vá contra o que é positivo para o meio ambiente apenas porque é mais lucrativo. Cita o caso de quem plantava sem agrotóxico, mas decidiu parar porque não lucra tanto quanto plantando com agrotóxico. A diferença dessas ações está na consciência, afirma. "Se todas as empresas não tiverem como prioridade o ser humano, não haverá progresso", sintetiza.

As empresas, na visão de Carmen Ballestero, criarão uma espécie de "irmandade", unindo as pessoas e os países em uma mesma visão global. Em um mundo mais intuitivo, a prioridade não será o lucro, mas o "bem-estar", argumenta. Em decorrência disso, haverá lucro, pois "a abundância só vem quando você se entrega, quando você vive e respira aquilo que faz. Tudo o que você precisa vem para você", conclui. Quanto às estratégias propostas, ela sonha com meios de transporte futuristas para conduzir as pessoas "aos lugares sagrados que existem na nossa mãe Terra, de forma rápida e sem priorizar só aqueles que têm recursos financeiros". Viajar, ela diz, é experiência e cultura que trazem aprendizados concretos, "independentemente do nível espiritual" do viajante.

FERNANDA BIANCHINI
O aprendizado da realidade do outro

Fernanda Bianchini é bailarina clássica formada pela escola municipal de bailado e Fundação das Artes de São Caetano do Sul. Atualmente preside a Associação de Ballet e Artes para Cegos e uma associação que leva seu nome e forma bailarinas clássicas cegas. Fisioterapeuta pós-graduada em RPG (Reeducação Postural Global), criou o Método Aplicado de Ensino-Aprendizagem de Ballet Clássico para Deficientes Visuais e é mestre em Distúrbio do Desenvolvimento pela Universidade Presbiteriana Mackenzie.

Aos 15 anos, Fernanda Bianchini conta que lhe "foi lançado um desafio" no Instituto Padre Chico, instituição para cegos na qual seus pais eram voluntários. Uma das irmãs que lá trabalhava perguntou se havia possibilidade de ensinar cegos a dançarem. Naquele momento, a bailarina relata que não tinha resposta à questão, mas seu pai, que estava presente, lhe disse: "Filha, nunca fale não para um desafio, porque é destes desafios que partem os maiores ensinamentos de nossas vidas".

Assim, iniciou o trabalho voluntário que mantém até os dias de hoje, completando 14 anos, com repercussão nacional e internacional. Fernanda incorporou o voluntariado em sua vida profissional de tal maneira que não percebe a diferença entre o aspecto pessoal e o profissional. A doação possibilita um constante estado de plenitude, segundo seu relato comovente. Comenta "que o impossível hoje não existe mais", ela diz.

A bailarina conta um episódio em que precisava ensinar determinado passo de dança a uma menina cega. Como o nome em francês não fosse tão fácil para que ela entendesse, tentou traduzir o movimento dos pés dizendo que era "fora do balde, dentro do balde". Naquele momento, ela relembra, a menina levantou a mão e perguntou: "tia, mas o que é balde?" Foi nesse instante que Fernanda Bianchini se deu conta de que "para ensinar um deficiente visual, é preciso entrar no mundo dele, entender suas limitações, suas dificuldades, para depois poder lhe apresentar o mundo do balé clássico. Foi um grande aprendizado", avalia. Ela percebeu que, além do corpo de suas alunas, que deveriam aprender os movimentos do balé clássico, havia também o próprio aprendizado, o olhar e a leitura de outro mundo a compreender.

Fala ainda de seu entendimento a respeito da inclusão social, o que possibilita às suas alunas deficientes visuais serem professoras e, ela, a professora que as formou, ser voluntária na instituição. Embora possua duas clínicas particulares, Fernanda elegeu a sexta-feira como o seu dia de doação voluntária. Sua organização trabalha com outros colaboradores, entre eles jovens professores voluntários.

A troca, explica, está na quantidade de pessoas nutridas com esse calor e conteúdo, advindos de profissionais competentes que dão aula de verdadeira cidadania, anonimamente, estimulados pelo sonho de construir um mundo melhor, comemora. Como futuro, ela diz almejar a paz e acreditar que isso pode ocorrer. Quanto ao futuro dos negócios, a bailarina afirma que basta plantar as sementes hoje para colher os bons frutos amanhã. Fernanda Bianchini pretende expandir o tratamento para as pessoas que necessitam de esperança e ter uma clínica mais próspera "para poder dar saúde e prevenção para um número maior de pessoas".

Sua estratégia de ação é seu próprio sentimento de amor. Acrescenta que é importante cuidar das crianças. Entende que podemos agir em benefício do mundo começando a partir do nosso pequeno universo. Só assim o movimento pode se ampliar. Percebe-se já fazendo sua parte na construção desse novo futuro.

TETSUO NAKAGAWA
Educação como investimento no futuro

Formado administrador pela Faculdade de Economia e Administração da Universidade de São Paulo (FEA-USP), Tetsuo Nakagawa é especialista em Mercadologia pela Escola de Administração de São Paulo da Fundação Getúlio Vargas (FGV-EPESP). Também é mestre em Administração, foi executivo de empresas e atualmente exerce a profissão de professor no curso de Administração.

Tetsuo Nakagawa fala de sua atuação como empreendedor social na área da educação, embora tenha vasta experiência como executivo e docente. Uma de suas preocupações essenciais é quanto ao futuro dos jovens. Por isso ele se esforça em "apresentar algo que possa contribuir para movimentar os alunos, para que os jovens façam disso uma reflexão, uma forma de se transformar, inclusive aproveitando experiências, erros e acertos para que não incidam nas mesmas falhas".

No futuro, prevê, a humanidade dependerá do que os jovens desenvolverem no presente. Em sua opinião, há atualmente "um vazio enorme" e "valores extremamente conflitantes entre as gerações". Por ser uma questão "multifacetada", uma série de fatores devem ser analisados. Entre eles a questão de como preparamos os jovens para administrarem essa complexidade. O empreendedor demonstra preocupação com o mundo e sua sustentabilidade, pois os rios de sua infância morreram, "as matas já não existem, os brejos já não existem, a flora já não existe, os animais também não existem, assim como os passarinhos", diz.

Enfatiza o utilitarismo na exploração da natureza. Sugere que os efeitos dessa ação destrutiva parecem não ser objeto de reflexão profunda o bastante. "*O mundo se tornou extremamente utilitarista, em busca do lucro a todo custo, sem vislumbrar os efeitos já sentidos todo dia, as mudanças já plenamente perceptíveis*", assinala. Em seu discurso, ele assinala a importância do educador e o seu papel para reverter o atual estado de coisas. Questiona se os professores estão se adequando, com o passar dos anos, a todas essas transformações e o quanto a juventude está sendo preparada para o envelhecimento com qualidade de vida.

De acordo com o administrador, há perguntas que deveriam nortear nossas reflexões, iluminar nosso rumo, para que nossos objetivos fiquem claros, tais como: "Quem somos nós? Daqui, para onde vamos? Como deveríamos aproveitar as verdades, as necessidades, as mobilidades e a ameaça para que se estabeleçam objetivos?"

Percebendo em si mesmo a referência a respeito de valores, advinda dos grupos que nortearam sua vida quando jovem, imagina que algo semelhante possa ocorrer com a juventude atual. Sua visão, como profissional humanizado, é de um futuro com enfoque no coletivo. "Mais do que uma busca somente pelo lucro, o equilíbrio está entre aquilo que se poderia propiciar aos indivíduos", diz. Acredita que sempre soube somar os objetivos pessoais aos objetivos organizacionais. E as pessoas em seu entorno, sob seu comando, percebiam que havia "gentilezas, algo mais que não somente aqueles objetivos amplos da organização", explica.

Em sua visão, não basta amar os jovens, é preciso oferecer-lhes um futuro como profissionais, estar atento para oportunidades potenciais no mercado de trabalho. Em sua visão futurista, ele aponta o perigo de "coisificar" jovens e mundo. Se não os criarmos tendo uma mente com mais amplitude, diz, corremos o risco de desenvolver autômatos. Como futuro, destaca a necessidade de contribuir para a vida do planeta e o despertar da conscientização para a preservação da natureza, o que se tornou sua causa. Traz um conceito de administração que inclui a vida: aceitando sua evolução e contribuindo para que ela viceje. Quanto ao futuro dos negócios, ele entende que a transformação do mundo está nas mãos das crianças e dos jovens.

Falando de estratégias, enfatiza a necessidade de repensar o conceito de lucro e as formas de obtê-lo. Para Nakagawa, "o lucro é apenas uma medida, podemos chegar ao mesmo resultado, até melhor, se não nos esquecermos das outras vertentes". Conclui que o pensar de forma abrangente, sistêmica e para todos, é o que pode viabilizar um caminho melhor para a humanidade.

Os PENSADORES compartilham suas reflexões e ideias

Agrupados na categoria de Pensadores, visionários da área de negócios, líderes de ideias, professores, futuristas, críticos e formadores de opinião destacam uma visão de felicidade em que o outro faz parte de cada um de nós. Há uma perspectiva de integração comunitária nessa visão da sociedade. Porém, no momento atual, os entrevistados percebem uma valorização maior do mundo externo, em detrimento do universo interno. Eles trazem um importante questionamento sobre o sentido da arte ao comentar experiências de grupos que utilizam o exercício artístico em suas propostas de intervenção.

Reflexão parece ser a palavra-chave deste grupo de entrevistados, vista como o antídoto à robotização, a qual caracteriza a forte influência do mundo econômico atual. Os relatos mostram que podemos ser cooptados a consumir produtos por indução, aceitando o modo de pensar que pertence a um pretenso progresso. Se vivermos distantes de nós mesmos, dizem esses formadores de opinião, nos arriscamos a levar "meias vidas", a sermos homens e mulheres pela metade diante de uma publicidade que alimenta uma orientação social direcionada ao "superficial e passageiro". Desse modo, a espiritualidade articulada à ciência, em uma perspectiva histórica, pode oferecer a compreensão do processo de desenvolvimento do mundo, no sentido de diferenciar o que é essencial do que é supérfluo, enquanto coletivo.

As mudanças encontram-se atreladas às pequenas situações contidas na rotina de nosso dia a dia, cujos desafios podem passar despercebidos. O cotidiano é complexo, assim como as mudanças, mas tudo está interconectado. Daí a importância de todos terem acesso ao conhecimento. Nessa direção, há um apontamento para as diferentes possibilidades de exclusão, não somente na área digital, mas também a exclusão do SER, o que significa algo mais abrangente no que se refere ao conhecimento. Há uma ênfase na potencialidade do Terceiro Setor. Desde que as necessidades básicas sejam atendidas, argumentam os entrevistados, as organizações da sociedade civil poderiam divulgar conhecimento, dar formação e favorecer a cidadania plena das populações, com a consciência de seus direitos e obrigações, além de acesso livre à cultura e à educação.

Tratando-se de mudança de valores culturais, outro desafio apontado pelos entrevistados deste grupo refere-se à "importância de revisitar o conceito de bem-estar e suas implicações culturais, bem como incluir a saúde como valor". Para os líderes de ideias, o preconceito é uma maneira de extermínio, capaz de provocar *"mortes subjetivas"*, impedindo o desenvolvimento de vidas interiores de pessoas ou grupos, por meio dos significados e das representações sociais dadas a essas vítimas de discriminação. No presente, duas das entrevistadas apontam como contradições nas empresas o financiamento de projetos sociais e a não-aceitação de negros, homossexuais e portadores do vírus HIV em seus quadros profissionais.

Para os Pensadores, a democracia não se expressa apenas no plano político, mas no cotidiano dos indivíduos, com diálogos a respeito de seus destinos, vontades e desejos. O trabalho é escolhido como expressão porque se aproxima daquilo que as pessoas sabem e querem fazer. Esse mesmo trabalho pode aliviar as tensões nele geradas. A qualidade das relações humanas é o epicentro da questão. E a arte faz parte da vida de todos, o que se reflete em tudo, inclusive no preparo dos alimentos, no cuidado com a imagem pessoal ou com o jardim.

Embora no presente a integração entre empresas, Terceiro Setor e governo seja tênue, no futuro dos negócios imaginado pelos Pensadores essa relação é intensificada, havendo desenvolvimento de grandes projetos na área da educação e da saúde. Para alguns dos entrevistados, as ONGs podem fazer um trabalho melhor do que as corporações, pois há maior intimidade entre as organizações da sociedade civil e a população. Uma das propostas é o resgate da "alma desse econômico" na expressão de um pensador, ou seja, que a rentabilidade traga consequências para a vida das pessoas, bem como para a comunidade.

Os líderes de ideias, críticos e visionários entrevistados neste grupo parecem atuar de forma coerente com as estratégias pensadas, ao menos de maneira aproximada. Seja colaborando para a inclusão e a formação de jovens, seja ensinando as pessoas a gostarem de aprender, usando a terapia para auxiliar os outros a entrarem em contato consigo mesmos. Ou ainda, guiando suas vidas não apenas pela fundamentação teórica, mas por ações práticas pautadas nos próprios valores.

Outra parte dos pensadores e intelectuais entrevistados abordam o tema da consciência de unidade, da responsabilidade de influenciar os demais, e de levar uma vida coerente com sua visão de futuro. O que envolve não apenas preservar uma maneira de pensar congruente e lúcida, mas formar e educar potenciais multiplicadores de conhecimento. Uma das formas de agir em prol desse objetivo é conversar com as pessoas sobre o que se pode fazer "junto" para mudar o mundo, principalmente, na tentativa de eliminar a violência e o preconceito que estimulam as tais "mortes subjetivas", abreviando o futuro de muita gente.

LUIZ CARLOS MEREGE
Aliança entre sociedade, governo e empresa

Economista, Luiz Carlos Merege é doutor e mestre pela Maxwell School of Citizenship and Public, de Syracuse, Nova York. Ingressou na Escola de Administração de Empresas de São Paulo da Fundação Getúlio Vargas (FGV-EAESP) em 1972, onde se tornou Professor Titular. Foi Diretor Administrativo da FGV-EAESP, de 1991 a 1996. Em 1994, criou o Centro de Estudos do Terceiro Setor – CETS da FGV. Autor do livro "Terceiro Setor: A arte de administrar sonhos", é presidente do IATS – Instituto de Administração para o Terceiro Setor.

O trabalho de Luiz Carlos Merege hoje é orientar a sociedade civil com a criação de cursos, pesquisas e a formação de dirigentes. Sempre no intuito de fortalecer as organizações para que elas exerçam influência e melhorem o padrão de vida das pessoas, por intermédio da conquista de cidadania e da defesa de seus direitos. A literatura, mais precisamente a obra de Monteiro Lobato, iluminou seu percurso de vida. Sua jornada de herói começava a se delinear, revela. Seu grande desafio é o desempenho do papel de protagonista na universidade, ampliando os olhares do mundo acadêmico. Desde pequeno, algo o instigava e trazia bem-estar nesse ambiente de cultura e estudo, mas ele só compreende seu papel na academia e nos negócios a partir do doutorado.

O entrevistado percebe que as pessoas o respeitam pela dedicação ao Terceiro Setor, com a realização de atividades que o beneficiam diretamente, como os seminários e a revista eletrônica inédita, uma página na internet onde as organizações se registram e trocam informações. Essa criatividade se dá na área de ensino e também na pesquisa e na socialização do conhecimento, informa. Defende que, por meio desse centro de ideias, o conhecimento gerado pelo trabalho que executa passou a ser importante, pois as pessoas o procuram para obter exemplares de publicações e artigos de sua autoria para jornais ou revistas.

Em sua visão de futuro, sonha com comunidades e organizações da sociedade civil fortalecidas, com "controle muito maior sobre o Estado", que consegue atender às suas reivindicações. Nesse cenário, "a luta por necessidades essenciais de alimentação e moradia, entre outras", já estaria superada. As pessoas estariam "unidas em torno de projetos de qualidade de vida, em uma sociedade tranquila, fraterna e solidária. Uma sociedade que o Terceiro Setor ajudou a construir, na qual a distribuição de renda seja mais igualitária e haja menos concentração de renda", esclarece.

Quanto à educação, Merege defende a importância de garantir o acesso de todos à informação. Para ele, a inclusão, não apenas a digital, mas de acesso ao conhecimento, ainda é restrita. "As universidades públicas não dão conta da demanda de alunos, e as privadas têm uma barreira de entrada, que são as mensalidades". O Terceiro Setor poderia ser um centro "onde houvesse a divulgação de conhecimento, a formação mais voltada para as pessoas, no sentido de se tornarem cidadãos plenos". Por cidadania plena, entende a ampla consciência dos direitos, das obrigações e onde o acesso à cultura e à educação seja livre. Conclui que as organizações hoje trabalham para atender à demanda nas áreas de educação e saúde, que são mais voltadas para crianças do que para adultos.

No futuro, prevê, as empresas estarão "envolvidas não só com o bem-estar dos seus trabalhadores e suas famílias, mas com a comunidade". Como estratégia para chegar a esse futuro, propõe que as organizações invistam 1% do seu faturamento, não do lucro, como princípio de responsabilidade social. Seria um valor considerável, diz. Para ele, as empresas já começam a investir na sociedade, mas essa visão ainda é restrita atualmente. Merege imagina que, no próximo meio século, a inter-relação entre as organizações da iniciativa privada, a sociedade civil e o governo esteja intensificada. Seu sonho, dentro de 30 anos, é que os três setores desenvolvam juntos, grandes projetos na área de educação e saúde, embora essa integração permaneça ainda tênue e rara.

Em seu ponto de vista, a sociedade civil pode fazer um trabalho melhor do que as empresas, pois há uma maior intimidade entre essas organizações e a população. Argumenta que essa convergência de interesses é possível e existem exemplos concretos disso. Quanto às estratégias propostas, frisa a educação, que chama de a "chave do futuro". "Tudo pode ser retirado de alguém, menos a formação interior", afirma. Seu desejo essencial é que as crianças e os jovens brasileiros recebam educação de alto nível. Atualmente não há investimento adequado e os problemas nacionais continuam a ser repetência, abandono da escola e desestímulo. "Todas as experiências dizem respeito ao fato de que a melhoria na educação conduz a população a um padrão de vida muito melhor", resume Merege.

ALFREDO BEHRENS
O tempo das oliveiras e nossas meias vidas

Alfredo Behrens é economista com Ph.D. pela Universidade de Cambridge, economista do Banco Mundial e consultor para as universidades de Princeton, London Business School, Ibmec, Katz Business School e da Universidade da Califórnia em Berkeley. Autor de "Culture and Management in the Americas", publicado por Stanford University Press em 2009. Colaborador do London Business School, do Katz Business School, do Ibmec São Paulo e da FGV-EAESP. Foi distinguido com os prêmios Banco Boa Vista; McNamara pelo Banco Mundial; Hewlett pela William and Flora Hewlett Foundation e o Jean Monet pela European University, de Fiesole, Itália.

Alfredo Behrens demonstra prazer em conhecer novas abordagens e formas de comunicação, o que considera imprescindível para a conexão com o mundo contemporâneo. Economista, escritor de livros sobre negócios, é atualmente professor em um curso MBA da Fundação Instituto de Administração (FIA), em São Paulo. Segundo sua opinião, o rumo do nosso país, no que se refere à sustentabilidade, parece prescindir de uma visão de longo prazo.

Com o perfil de um homem global, em seu relato, compara os excluídos do Brasil e os de outras partes do mundo, como a Índia. Os indianos, ele explica, se percebem como pessoas, diferentemente dos brasileiros, que se veem sem identidade. Para o economista do Banco Mundial, o sucesso não pode ser medido apenas pelo lucro, que ele enxerga também como sinal de esperteza. Em sua opinião, a "engenharia genética é uma das grandes fronteiras e alguém tem que ganhar dinheiro com isto, senão não vamos avançar tão rapidamente como seria necessário". Em outro tipo de sociedade, o reconhecimento já seria suficiente, afirma.

Como exemplo, cita o que ocorre na publicidade, onde há o que ele chama de corrupção de valores. E explica: parece que "ninguém, em seu juízo, pode se sentir levando uma vida inteira se não está casado com Daniela Cicarelli[38]. Somos todos meio homem, meia mulher; levamos meias-vidas". Isso adquire importância à medida que, "para as pessoas com menos informação, isto se torna uma orientação social", completa.

Em sua visão de futuro, traz como sonho a criação de um repositório de experiências para que as informações não se percam facilmente, em um mundo mais espiritualizado e integrado, no qual as pessoas tenham mais cuidado umas com as outras. Sua referência é a interdependência, que pressupõe sermos cuidados e cuidarmos para que "nossa casa, o planeta", recupere o equilíbrio para vivermos e "com-vivermos". Os líderes, no seu ponto de vista, ocupariam tais posições por sua capacidade de inspirar, dirigir e recompensar, o que promoveria uma humanização nas organizações, entre as pessoas e com o meio ambiente. Para isso, haveria necessidade de uma mudança dos valores presentes.

Se nossa sociedade "fosse mais democrática e correta, as pessoas pesquisariam pelo prazer de conhecer, se esforçariam pelo prazer de saber e a remuneração viria pelo reconhecimento", comenta. Os negócios seriam o fator propulsor da história, a consequência da distribuição de quem tem para quem não tem. Segundo ele, "as pessoas vivem em um regime onde o horizonte é estreito e curto". Na esfera da educação, esse estreitamento de prazos "leva a um desconto violento de qualquer coisa que seja de longa maduração", explica.

Argumenta ainda o economista que "este é um país que adora o azeite, mas não planta oliveiras porque elas demoram 30 anos para crescer". Afirma que os negócios são o reflexo da organização social. "Se vivêssemos em uma sociedade onde a pessoa sabe que precisa plantar para colher, estaríamos plantando oliveiras, esperando que elas crescessem e tendo orgulho de ter as oliveiras que foram plantadas por nós", relata.

---

[38] A entrevista foi realizada na época em que Ronaldo, o jogador de futebol, casou-se com a modelo e apresentadora Daniela Cicarelli.

Quanto às estratégias, Behrens aponta seu papel de "ensinar, ensinar e ensinar a usar a biblioteca. Ensinar línguas para que o mundo se amplie, ensinar a apreciar música para que a pessoa voe, a apreciar as artes plásticas para que ela entenda que há outras formas de se comunicar, enfim, ampliar os horizontes". Seu desejo é que, ao frequentar a universidade, as pessoas saiam com sede de conhecer, e que nelas seja despertada a vontade de continuar aprendendo.

No que diz respeito às empresas, propõe aumentar impostos e escolher melhor as lideranças políticas. "Não depende apenas das organizações. Elas fazem o que podem, mas nem sempre fazem o que devem", ele avalia. Vivemos em uma sociedade em que "se lucra mais como dono de banco do que como industrial", argumenta. Nesse paradoxo, ele enxerga a evidência de algo definitivamente fora da ordem.

ALESSANDRA GIORDANO
Contos de fada como instrumentos de mudança

Alessandra Giordano estudou Psicologia, Pedagogia e Artes, atua como professora universitária, arteterapeuta e contadora de histórias. É mestre em Ciências das Religiões e doutoranda em Psicologia pela Pontifícia Universidade Católica de São Paulo (PUC-SP). Atua há mais de 20 anos utilizando os contos de tradição oral e a arte como recurso terapêutico para ampliação da consciência e desenvolvimento da espiritualidade. Pesquisadora do poder da palavra na mente humana, é autora do livro "Contar Histórias: um recurso arteterapêutico de transformação e cura", Editora Artes Médicas, de 2007.

O que mais motiva Alessandra Giordano é sua ação junto a meninos e meninas com vivência de rua. Sente-se confortável quando percebe que o outro se nutre e beneficia com aquilo que ela oferece por intermédio da palavra narrada em histórias, ou através do contexto terapêutico, onde as pessoas falam e fazem contato com seu mundo interno. Ela se diz interessada pela questão da espiritualidade da vida após a morte. Nordestina de nascimento, Alessandra relata que, em suas raízes, há muitas gerações de contadores de histórias, como sua avó e "nêga Júlia", que contava casos do tempo da escravidão. Vem desde cedo seu contato com o efeito fortalecedor das palavras, o que buscou estender para sua carreira profissional.

Começou contando histórias para bebês e crianças abandonadas na Irmandade da Santa Casa de Misericórdia de São Paulo. O impulso para estudar os contos de tradição oral ocorreu ao se deparar com adolescentes internados no hospital. Em sua perspectiva, atualmente as pessoas voltam-se mais para o mundo externo que interno, para o ter, em vez do ser. Sob esse prisma, o desafio de seu trabalho dirige-se à descoberta, pelas pessoas, de seu próprio criador e curador interno, e o desenvolvimento de sua criatividade. Alessandra explica que usa "os contos como recurso para desenvolver a expressão de conhecimento de si e também do outro".

Visualiza o futuro do mundo com mais harmonia e felicidade, sem fome nem guerra e com "uma conexão com o universo sagrado". A vida termina porque as pessoas cumprem "suas missões, porque é fundamental ter consciência de que cada um tem uma missão na Terra e que somos importantes para a evolução deste planeta", diz. Em sua visão de futuro, os negócios são socialmente responsáveis em garantir a vida e o ecossistema saudável, há qualidade de vida e tanto os negócios, quanto a ciência, se empenham em pesquisas para melhorar essa qualidade. Se há harmonia entre as pessoas, elas podem ser mais felizes, não há ansiedade, estresse, nem doenças, só o desgaste natural dos órgãos, descreve.

Alessandra realça seu temor frente à biotecnologia. Em sua ótica, a ciência parece ter-se colocado no lugar do "Criador". Em relação às empresas, em seu futuro imaginado, "os negócios estarão pautados sobre uma ordem que é da relevância do ser humano como ser solidário, respeitoso e realizado". Haverá novos valores e não a competição por beleza ou bens materiais. Considera que a arte deve ser um instrumento de criação e indagação. "Não basta juntar sucatas, é preciso algo mais: acrescentar alma, intenção de provocar mudança e não apenas construir objetos sem utilidade", argumenta. No que se refere às estratégias, ela propõe iniciar a mudança com o mais próximo de si, "no lar, com os alunos, a mãe, os sobrinhos". E ressalta a importância de dar o melhor de si nas pequenas coisas.

Outros pontos de destaque em seu relato são a necessidade premente de mudança de paradigma no mundo dos negócios, pautado em dinheiro apenas; e o pensamento no todo, na sobrevivência do planeta. E reflete sobre valores essenciais, que necessitam "se fortalecer para enfrentar a ganância e o desejo de poder". Em seu relato, a psicopedagoga enfatiza a importância de as pessoas empreenderem e apreciarem a descoberta da paz interior em um mundo "voltado para marcas, status, dinheiro, consumo, corpo e aparência como sinônimo de verdadeiras conquistas", afirma.

Por fim, alude aos convites que ela recebe das multinacionais para contar histórias a seus executivos. Percebe que essas empresas têm a intenção de sensibilizar a alma dos funcionários para que eles se aprimorem e, com isso, a qualidade de trabalho que têm a oferecer também melhore. A iniciativa, embora tímida, possibilita um incremento na qualidade de vida dos funcionários, que iluminam espaços do seu mundo interno. Os contos de fada, sob esse prisma, representam um convite para que cada um se reveja no sentido de buscar saber quem é, quais são os seus sonhos e os seus motivos na vida, argumenta.

MARION RAUSCHER GALLBACH
O Robotizado modelo econômico masculino

Analista junguiana com formação no Instituto C.G.Jung de Zurique, na Suíça, Marion Rauscher Gallbach pertence à Sociedade Internacional de Psicologia Analítica. Doutora em Psicologia Clínica pelo Instituto de Psicologia da Universidade de São Paulo (USP), ela é coordenadora do Núcleo de Sonhos da Sociedade Brasileira de Psicologia Analítica (SBPA) e professora do Núcleo de Estudos Junguianos, na Pós-Graduação da Pontifícia Universidade Católica (PUC-SP). Autora do livro "Aprendendo com os Sonhos", Editora Paulus, 2000, ela percebe seu trabalho como uma forma de captar "sentido por trás da evolução da história da pessoa e de seu sofrimento, a partir de uma perspectiva de transformação".

Um dos aspectos relevantes do discurso de Marion Rauscher Gallbach é a possibilidade de reflexão que se contrapõe à robotização, que parece ser uma imposição do mundo econômico atual, afirma. Ela traz em seu relato o interesse em contribuir com uma visão humana da área de psicologia para os negócios, "de maneira mais profunda, no que diz respeito ao indivíduo", explica.

Percebe-se contribuindo para não nos tornarmos robôs e vítimas da propaganda, em nome de um pretenso progresso. Para isso, emprega a metáfora de "jogar fora as moscas, mas não o leite". Segundo sua análise, cada negócio deve "ser visto com sua implicação na vida das pessoas e das comunidades", incluindo a dimensão humana, resgatando "a alma desse econômico". Sua visão de negócios não é otimista, embora contenha algumas luzes. Sua fala se concentra na evidência das dificuldades enfrentadas e daquelas por vir, entre as quais ela se refere aos conflitos em relação "à água, ao terrorismo, à exploração humana e à instabilidade constante".

Em sua opinião, "antes os negócios eram bons para uns e não necessariamente para outros. Hoje em dia os negócios devem ser bons para os dois lados". Atualmente, argumenta, as organizações estão "cada vez mais ditatoriais (...), os empregos estão acabando, está tudo mais ou menos terceirizado". Como consequência, ela completa, há "menos vínculos, menos contexto, menos raízes, menos construção". Marion comenta que, no passado, era possível planejar e construir uma carreira, assim como se construía uma casa, tijolo sobre tijolo. Agora não há mais um "solo seguro", ao contrário, afirma. O universo profissional se assemelha a "uma barca flutuante e a pessoa pode perder seu cargo no dia seguinte", o que ocorre em todos os níveis, diz. Ela aponta ainda que "a imagem dos chineses trabalhando com máscara, só ligados à condição econômica, em detrimento de condições ambientais, para oferecer uma mão de obra mais barata", anuncia que a questão humana foi posta de lado no mundo dos negócios.

Quanto às estratégias para um futuro melhor, ela faz uma analogia com a energia de doação necessária no aleitamento materno: "quanto mais você doa, mais leite se faz". Nesse sentido, sintetiza, o mundo parece se ressentir de perceber que muito da Terra é feito de doação. A entrevistada reflete sobre o modo masculino que rege nosso cotidiano e nossa busca de sobrevivência. Ela pontua que tanto os homens, quanto as mulheres, se empenham em acumular dinheiro. "Aliás, cuidam dos seus filhos masculinamente e vão para a floresta caçar", explica. Se ambos os pais saem em busca do básico, e educam seus filhos a partir de um modelo único – o masculino –, como fica a percepção de doação para a nova geração? ela questiona. "E quem vai mexer a tapioca, ralar a mandioca e estar lá para as crianças se entrelaçarem nas pernas? Não tem mais o calor das pernas, elas estão com calças", completa.

Sob esse aspecto, sua visão diz respeito à necessidade do encontro entre ciência e espiritualidade, o que pode contribuir para uma visão holística, que permita novos modelos de ciência, capazes de incluir a dimensão humana e outros métodos de leitura que não os quantitativos, apregoados pelos modelos vigentes. Ela ressalta, ainda, a importância de dividir e compartilhar tarefas e funções, o que pressupõe uma divisão em nível interno, que se expressa em fronteiras na relação entre as pessoas e as coisas.

Sob essa perspectiva, a analista acentua a necessidade de posicionamento dos profissionais da área de psicologia, a fim de apontar processos vistos, muitas vezes, como positivos, mas que a partir de uma análise mais cuidadosa, podem ser qualificados de perversidade e conduzir à doença mental coletiva. O psicólogo poderia assumir "o papel de condutor de almas", defende Marion. Nesse caso, a história pode ser um antídoto da manipulação, opondo-se ao modelo de negócios que não inclui a vida, que tem como seu deus o dinheiro, apenas, e não as relações humanas saudáveis e o futuro da humanidade.

MARIA LEONOR CUNHA GAYOTTO
Criando o próprio destino

Formada em Pedagogia, Maria Leonor Cunha Gayotto é psicóloga social e membro associado da Universidade de Londres por pesquisa realizada sobre processos grupais. Livre-docente e doutora pela Universidade Federal de Santa Catarina (UFSC) e professora associada pela Pontifícia Universidade Católica de São Paulo (PUC-SP), em 1984 criou o Instituto Pichon-Rivière de Psicologia Social de São Paulo, onde coordenou e supervisionou cursos de formação e especialização do coordenador de grupos operativos.

Maria Leonor Cunha Gayotto atua como diretora de uma instituição que privilegia o conhecimento a respeito dos grupos e do sujeito para uma convivência mais enriquecida. Em seu relato, diz conciliar "aquilo que percebia como suas habilidades com a família e os amigos, e a formação universitária". Fala de como "perseguiu propósitos, sonhos, objetivos para que as pessoas pudessem se entender melhor, fossem mais conscientes naquilo que faziam, aprendessem a se relacionar com os demais, pessoal ou profissionalmente".

Revela uma vida plena de busca e compromisso com o que abraçou teoricamente. Seu percurso aponta como estratégia a coerência, a coragem e a visão que enfatiza não o errar ou o acertar, mas a capacidade de nos revermos e continuar, ou seja, de sermos permanentes criadores de nós mesmos e de nosso destino. Para isso, a compreensão dos processos grupais lhe parece fundamental.

Maria Leonor percebe-se como uma pessoa que "enfrenta o medo, o novo, o desconhecido com certo destemor, mas não destemor irresponsável". Em sua vida, conta, ocorreram muitas mudanças geográficas. Recém-casada, ela mudou-se para Santa Catarina com a família, mais tarde foi para o exterior, depois voltou para São Paulo. Percebe-se como uma pessoa com coragem de enfrentar as transições "mais dolorosas". Porque a mudança, afirma, nem sempre é um mar de rosas, costuma exigir bastante e nos virar ao avesso. Na profissão de psicóloga, comenta que sempre lidou com isso. Ela diz que as mudanças no mundo estão atreladas às pequenas situações, "as transformações são complexas e a todo instante estamos diante deste desafio".

Ela acredita ter realizado "bem o que lhe foi apresentado como possibilidade para fazer". Sente dificuldade em definir um momento de ápice porque até hoje, à porta dos setenta anos, vive situações que achava serem as últimas e as mais importantes, ou as primeiras, sempre com muita luta para conseguir e determinação para não desistir. Diz não saber se foi uma característica de personalidade, ou se pela própria formação profissional, foi se conduzindo a "ser uma sobrevivente". "Vencer desafios ou ajudar os outros a vencer desafios tem sido uma grande descoberta para mostrar às pessoas que suas dores podem ser administradas, podem se tornar algum tipo de conquista, de novidade, de nova perspectiva de vida", afirma.

Em sua visão de futuro, enfim, "o Brasil está maduro", o que pode ser percebido pela atuação dos governantes. As cidades são modernas e oferecem recursos para todas as necessidades. As invenções são bem-vindas se puderem trazer felicidade para o coletivo. Até o lugar mais longínquo e atrasado se desenvolveu, saiu da miséria, da doença, ela descreve. "Há grandes filósofos no mundo, descobertas em todas as áreas que nunca deixam de melhorar a vida das pessoas, um mundo onde viver é prazeroso", prevê.

Em sua projeção para o futuro dos negócios, a educação está voltada não apenas para o uso da técnica e da tecnologia, mas para o impacto disto na qualidade das relações humanas. "Os homens de negócios terão atingido o seu grande destino" se perceberem que devem contribuir "para favorecer a melhor qualidade da educação". Educação aqui entendida como "a maneira do ser humano desenvolver todas as suas potencialidades, os seus sonhos, enfim, de crescer como ser humano", define.

No que se refere às estratégias para alcançar esse futuro, a psicólogo social propõe como a coerência e a coragem como chave. Defende que no mundo dos negócios, se houver preocupação autêntica em não perder de vista o ser humano, necessariamente se saberá buscar recursos para que cada um, por intermédio do seu negócio, possa contribuir de maneira efetiva para o bem da humanidade. Se os negócios se voltarem a esses valores essenciais para os seres humanos, haverá um mundo melhor, projeta. É compartilhando seus valores e o melhor de si em seus diferentes papéis que Maria Leonor parece viver sua maturidade profissional e pessoal.

AMADEU BERNARDO SILVA
Preservar apreciando a arte e o belo

Economista formado pela Universidade Mackenzie, Amadeu Bernardo Silva é consultor de Recursos Humanos e Desenvolvimento Organizacional para entidades do setor público e privado. Diretor da Ampar – Consultoria e Assessoria Econômica, ele preside o Instituto CKK – Desenvolvimento Humano. Pesquisador do comportamento humano desde 1973, é autor dos livros "Ouse e seja feliz: um caminho para a felicidade e sabedoria", Editora Yamadori, 2001, e "A Técnica Danjurô de Interpretação", Oficina do Livro Editora, 2010.

Durante vários anos, Amadeu Bernardo Silva atuou como executivo na área de recursos humanos e desenvolvimento organizacional. Relata que tem a impressão de ter sido conduzido pelo fluxo de sua vida. Por diversos motivos, não pode concluir o que iniciava e com isso obteve uma formação generalista, que hoje lhe é útil. Paralelamente, envolve-se nas atividades de uma instituição religiosa onde se sobressai como orientador, compondo uma equipe de desenvolvimento de lideranças. Identificado com a filosofia segundo a qual é necessária uma visão abrangente e sentindo-se limitado pelas barreiras institucionais da organização à qual pertencia, decide-se, após quarenta anos de dedicação e motivado por uma orientação interior, a perseguir seu sonho. Cria a ONG CKK, voltada para o "desenvolvimento da consciência sobre a importância da preservação da vida de cada indivíduo, da comunidade e de si próprio", ele explica.

Seu foco "é criar um grupo cada vez maior de pessoas que trabalham para desenvolver o respeito à vida do outro". Ressalta a importância de reconhecer os aspectos construtivos e saudáveis presentes no dia a dia, falar positivamente, pensar e agir de forma coerente com o que se prega. Em suas publicações, aprofunda a concepção que inclui a necessidade de ampliar a consciência humana para a existência de um plano cósmico, uma Inteligência Superior que envolve o conjunto das pessoas e favorece, sempre, esse conjunto.

A compreensão profunda das leis que nele operam propicia saúde, prosperidade e abundância, assegura. No que se refere ao corpo, sua ONG incentiva a administração de energia quântica em determinadas áreas febris ou doloridas, colaborando no processo de recuperação natural, bem como estimulando o consumo de alimentos destituídos de agrotóxicos e desenvolvendo novos hábitos, explica.

Em sua avaliação, a consciência pode se ampliar seguindo três caminhos: o sofrimento, a prática de virtudes e a apreciação da arte. Este último é o mais rápido e prazeroso percurso, afirma. Sua organização enfatiza o segundo e o terceiro trajetos, as virtudes e a arte. Destaca algumas propostas singulares, como o Clube do Riso Feliz, "a inclusão da arte na vida e o viver com arte"; as oficinas de ikebana no estilo de Meishu Sama, seu fundador, que usa arranjos florais com o intuito de expandir a harmonia no ambiente pela beleza, promover o desenvolvimento da intenção e do sentimento de quem o pratica; o curso de pintura oriental Sumiê; ou as classes de atores, em que o artista deve aprimorar-se para, a partir de si próprio, gerar a apreciação da beleza e da nobreza nos pensamentos e sentimentos dos espectadores.

Como futuro, Amadeu Bernardo Silva percebe a arte em todos os recantos, fazendo parte da vida de cada um. Esse hábito, segundo ele, se expressa "na forma como as pessoas se vestem, como dispõem suas casas, na beleza das fachadas, no cuidado que têm com os jardins, na valorização da arte na natureza, com suas flores e plantas". Há também "o absoluto respeito à própria vida, com alimentos puros". Em sua visão de futuro, a tecnologia está a serviço do ser humano.

Nos negócios não haverá a necessidade de sua ONG e todos os produtos terão por finalidade o bem-estar humano. "O mundo pode se desenvolver porque o produto está voltado para satisfazer as necessidades reais das pessoas, para garantir a saúde, o prazer de viver, uma energia positiva crescente e constante", descreve. Diferentemente de hoje quando as empresas, buscando apenas o lucro, escondem aspectos negativos de seus produtos, afirma.

Como estratégia, o entrevistado sugere que cada um se dê conta de sua responsabilidade no todo e pratique "hábitos positivos em qualquer situação e em todo segundo da vida". Se assim o fizermos, diz, "aqueles que estão ligados conosco energeticamente acabarão beneficiados". Para ele, a "grande contribuição é entender que todos nós somos unos, assim como as nossas células formam um mundo, assim como a nossa consciência forma um mundo com o nosso corpo físico, assim como a família acaba tendo uma unidade". Essa unidade também existe do ponto de vista cósmico, conclui.

ANA CRISTINA LIMONGI-FRANÇA
O sacrifício pela produtividade

Psicóloga formada em 1976, Ana Cristina Limongi-França é professora associada da Faculdade de Economia, Administração, Contabilidade e Atuárias da Universidade de São Paulo (FEA-USP). Atua na área de Psicologia do Trabalho e, de maneira pioneira, dedica-se ao tema de qualidade de vida e saúde no trabalho desde os anos 80, fundando o Núcleo FEAUSP de Gestão da Qualidade de Vida no Trabalho. Professora universitária, pesquisadora na área de gestão de pessoas com enfoque em equidade e justiça social. Fez curso normal, mas o tema da pesquisa acadêmica surgiria a partir de sua experiência com abusos de poder.

A vivência profissional de Ana Cristina Limongi-França desenvolveu-se inicialmente em uma faculdade privada. É a partir do seu envolvimento com a empresa que emerge seu interesse pela pesquisa. Evidenciando sua visão de vanguarda está o trabalho de mestrado, que trata da dor psicológica e da psicossomatização no trabalho, iniciado nos anos 1980, concluído nos anos 1990 e publicado recentemente. Em sua história, entre constantes desafios e inovações, teve a oportunidade de criar fóruns nacionais e internacionais, de estar no ambiente de Administração e Engenharia discutindo saúde do trabalho, além de ter bons parceiros para trocas recíprocas. Um dos aspectos relevantes de seu percurso foi a ida a Moçambique para aplicar seu "conhecimento, compartilhar e aprender".

Considera que vive hoje "um momento bem maduro". E traduz seu sentimento de descoberta: há muita pesquisa, muito dado, muito a ser feito. Em seu relato, traz a importância de revisitar a noção de bem-estar e suas implicações culturais em uma sociedade que, ao priorizar os resultados e desconsiderar as possíveis consequências deletérias para a saúde, não inclui a saúde como valor. Apresenta seu compromisso com uma "mudança cultural" que sustente uma nova concepção de bem-estar.

Na qualidade de professora e pesquisadora, afirma que o grande desafio do momento é a mudança de valores culturais, ou seja, "aprender a discutir saúde como saúde e não como doença", o que considera um avanço no conceito de bem-estar. O outro desafio é o "desequilíbrio que há entre a permissão de produtividade em nome da economia, com a perda de saúde e a permissão para adoecer em nome de resultados", explica Ana Cristina.

Sua história marcada pela inovação em um ambiente pautado pela racionalidade, como parece ser o da Administração de Empresas, representa uma visão nova e arejada do sujeito em seu ambiente de trabalho. Oferece uma perspectiva de futuro pautada na convivência coletiva, no "conjunto", com "ênfase mais psicossocial e menos sócio-psíquica no sentido de que a pessoa é um indivíduo único e, como tal, deve ser respeitado, e também ser capaz de ter seus grupos de referência", explica. Aponta ainda como relevante "a alegria de viver, muita dança, arte, uma produção científica menos perversa, voltada à pessoa", diz. A imagem que usa é do coletivo africano, com simplicidade, prazer e alegria.

Quanto à visão de futuro dos negócios, ela reconhece que "há necessidade da revalorização das comunidades solidárias como uma referência de instituição de direito". A busca acelerada pelo progresso, diz, transformou-se em "um progresso do produto do serviço", o que "exige o sacrifício das pessoas". No entanto, em sua avaliação, "esse sacrifício levou as pessoas a melhorarem o seu grau de exigência, a se olharem". Ela pondera que a sociedade necessita de uma comunidade solidária, caso contrário percebe-se como "perversa, competitiva, perde a noção de poder". Para a especialista em qualidade de vida no trabalho, essa reflexão hoje está sendo trazida para a prática pelas ONGS e por alguns negócios, entre eles os privados.

Como estratégias de ação, ela propõe a formação de "grupos de trabalho, publicações e a criação de fóruns de debate sobre o bem-estar no trabalho". Possui uma rede de estudos sobre o tema há mais de dez anos e procura multiplicar essa "rede de competências". Percebe como fundamental "ter documentação científica de vivências", registrar os fatos históricos e a memória acadêmica do debate sobre qualidade de vida e bem-estar no trabalho.

REGINA SILVIA PACHECO
A organização como polo de encontros

Doutora pela Université de Paris XII, na França, Regina Silvia Pacheco é professora permanente da Escola de Administração de Empresas da Fundação Getúlio Vargas de São Paulo (FGV-EAESP), na área de Administração Pública e Governo, nos cursos de graduação, mestrado e doutorado. Foi presidente da ENAP – Escola Nacional de Administração Pública entre 1995 e 2002, coordenadora executiva do Consórcio Intermunicipal do Grande ABC entre 1990 e 1992.

Formada em Arquitetura e Urbanismo, Regina Silvia Pacheco comenta que sua trajetória profissional é aparentemente paradoxal. Com mestrado e doutorado na área de gestão urbana, ela começa a trabalhar na cidade, depois se dedica às políticas públicas do Estado. Dá aulas em uma escola de negócios, inicialmente na área de governos locais e depois se aprofunda em políticas do governo federal. Após oito anos em Brasília, volta para a escola de negócios, dando aulas em políticas públicas, no campo do Estado. Atualmente coordena o mestrado profissional em gestão e políticas públicas da FGV. Em seu depoimento, ela mostra uma vida pautada por sonhos, realizações e envolvimento com personagens do nosso cenário político, que a fizeram sentir prazer em trabalhar com afinco em propostas condizentes com sua visão de mundo.

Dessa forma, fala das figuras que dinamizaram seus sonhos e da importância de líderes congruentes. Como ápice, cita o fato de, ao lado do ex-ministro Luiz Carlos Bresser Pereira, discutir as propostas de reforma do Estado no governo federal de 1995 a 2002. Enquanto integrante da equipe de governo, Regina dirigiu "uma instituição de desenvolvimento gerencial, desenvolvimento de executivos, de capacitação, para o implemento de uma mudança cultural". Ao aceitar o convite e mudar-se para Brasília, embora tendo confiança no ministro, Regina Sílvia Pacheco não tinha ideia clara do que seria o seu trabalho. Por estar em posição de direção, isso lhe permitiu refletir e se conhecer melhor. A entrevistada mostra o quanto seu trabalho – ao estar articulado com seu crescimento pessoal –, torna-se instrumento de transformação social e de prazer individual.

Comenta o quanto "as organizações podem atrapalhar se não possibilitarem que as pessoas busquem ser felizes no seu trabalho". Chama a atenção ao falar do importante papel da organização como veículo de encontros. "As organizações têm de agir para propiciar pares humanos", avalia. Isso parece ter provocado os momentos mais excitantes de sua história: quando compôs, com outras figuras, parcerias humanas para enaltecer a vida em um contexto de organização pública. Sua volta ao mundo acadêmico, como docente e pesquisadora, também reserva seus atrativos, afirma. Para ela, é importante manter boa interlocução com os colegas e com os alunos de dois grupos etários, um de jovens – com energia contagiante, que permite o contato com o próprio envelhecimento e com a necessidade de recuperar a juventude – e outro com os alunos da pós-graduação, que são grandes interlocutores no estilo intelectual, explica.

Em sua visão de futuro, Regina propõe um mundo com "menos desigualdade", sem "tanta miséria, sofrimento, dilaceração da vida por falta das condições mínimas". Ali, pontua, as pessoas teriam recuperado a possibilidade de se identificar com algum lugar, alguma nação, alguma sociedade, algum país. A entrevistada também se refere às amizades. Sugere que as pessoas poderiam viver mais individualmente, desde que isso não significasse solidão. "Que pudessem se encontrar em vários círculos, integrar o seu trabalho, que este fosse o mais próximo daquilo que elas gostassem e quisessem fazer, e que pudessem extravasar suas tensões no trabalho e não em outra atividade", completa.

Quanto ao futuro dos negócios, vislumbra um Estado com o papel de promover bem-estar: "as pessoas estariam reunindo suas atividades profissionais com todo o seu potencial", projeta. Os negócios deveriam "ter um espaço, um campo ou uma atividade para que a empresa ou organização também contribuísse para o bem-estar da pessoa e não só do funcionário". Quase como se não desse mais para distinguir a vida pessoal e familiar da profissional, ela imagina. Como estratégia, aponta a coerência entre discurso e ação. Para empresas ou organizações, ela sugere um trabalho em rede, quebrando a visão do negócio próprio. Em seu ponto de vista, essa seria uma maneira de "não perder o foco, mas alargar, abranger outras áreas onde a empresa possa agir em parceria e colaboração com outras", conclui Regina.

JACQUELINE BRIGAGÃO
Ver para curar as feridas da desigualdade

Graduada em Psicologia pela Universidade Federal de Uberlândia, Jacqueline Brigagão é mestre em Psicologia Social pela Pontifícia Universidade Católica de São Paulo (PUC-SP), doutora em Psicologia Clínica pelo Instituto de Psicologia da Universidade de São Paulo (USP) e docente da Escola de Artes Ciências e Humanidades, também da USP. Com estágio de pós-doutorado nos Estados Unidos, ela percorreu um caminho marcado por atuações na área social, junto a grupos em condição de vulnerabilidade psíquica e social, tais como as prostitutas, a população do manicômio Juqueri e os imigrantes brasileiros nos Estados Unidos. Emociona-se ao relatar o sofrimento dos imigrantes, que experimentam exclusão profunda e dilacerante, deixando seu país "para viver uma vida miserável nos Estados Unidos, mesmo tendo curso superior", conta.

A trajetória de Jacqueline Brigagão é caracterizada por trabalhos em instituições com foco no atendimento individual, o que denota uma busca de integração de seus referenciais enquanto pessoa e profissional. No programa de gestão pública da Escola de Administração de Empresas da Fundação Getúlio Vargas de São Paulo, concentrou sua pesquisa nos projetos provenientes de nações indígenas, ou "governos sub-nacionais", como define. Após as premiações, ela elabora estudos de casos específicos, visita esses projetos pessoalmente e redige uma análise comparativa entre eles, os mesmos.

Participa também de um programa de pesquisa no Norte e Centro-Oeste do Brasil para estudar ações voltadas às mulheres. Jacqueline reconhece que sua pesquisa pode "transformar a realidade porque aponta onde estão as desigualdades". Cita o exemplo de uma mulher quilombola que aceitou dar seu depoimento na pesquisa, mas quando o gravador foi ligado, preferiu falar antes com o marido. Como sua voz ficaria registrada, o que significaria assumir uma posição e responsabilizar-se por ela, diz Jacqueline, a quilombola não se sentiu "digna talvez de assumir esse lugar que é dos homens, da voz pública, de falar em público". E analisa: "parece que ainda existem milhares de mulheres que acreditam não ter direito de ocupar a cena pública".

Em sua opinião, o próprio ato da pesquisa de campo também transforma a realidade do trabalho. O simples fato de entrevistar alguém e dialogar, explica, "já é um processo transformador. Porque ao discutir o que a pessoa está fazendo, ela acaba refletindo sobre o que faz e quando você vai embora, ela fica um pouco transformada". Em seu trabalho, depois da pesquisa de campo, ela elabora um relatório mostrando como os projetos são quando vistos de fora e como podem melhorar.

Como futuro, a pesquisadora percebe a importância do aprimoramento na educação pública, o que eliminaria a necessidade de existir educação privada. O lucro articulado a um comprometimento social traria o bem ao coletivo, o que se estenderia ao ecossistema, prevê. Na saúde, relata um cenário com melhorias estendidas a todos. Não há pedintes pelas ruas, há programas de médicos de família e o serviço público funciona perfeitamente nas áreas de educação e emprego, descreve seu cenário de sonhos.

"Significa que os negócios vão bem, que o Brasil consegue produzir". A economia, em sua visão de futuro, é voltada "para o reconhecimento das pessoas que trabalham, as empresas compartilham os lucros com os empregados e se preocupam com a qualidade de vida e com a saúde deles". Há estratégias "para reduzir o cansaço físico, o estresse" e parte do lucro é utilizada "nessa articulação comunitária. Os serviços de saúde são todos públicos, gratuitos e funcionam. São co-financiados pelas empresas", prevê.

Jacqueline Brigagão espera que as organizações levem em conta o compromisso social e o comprometimento com o local onde se situam. Refletir sobre a questão da responsabilidade social, diz, é pensar não só para fora da empresa, mas principalmente para dentro. Começando com os salários e os benefícios que possibilitam aos funcionários melhorar de vida a partir da empresa. O lucro, ela afirma, deve promover uma vida melhor para a coletividade e se estender para o ecossistema. Quanto às estratégias, a entrevistada diz que o primeiro passo é conversar mais com o vizinho, o porteiro, os colegas. "Começando de perto, todo mundo vai longe", diz. Atualmente, está envolvida em projetos ligados a populações excluídas, como índios, negros, vítimas de preconceitos e mulheres que ainda se colocam em posição inferior.

ELIZABETE FRANCO
Preconceito, o extermínio pela "morte subjetiva"

Psicóloga com mestrado em Psicologia Social e doutorado em Educação, Elizabete Franco é professora das Escolas de Artes, Ciências e Humanidades da Universidade de São Paulo (USP Leste). Coordenadora do ANAHI – Grupo Interinstitucional de relações de gênero e sexualidade, é membro do NEPAIDS e do GIV – Grupo de Incentivo à Vida, trabalha com crianças de rua e, desde 1988, com portadores do vírus HIV. Ativista, ela tem mais de 20 anos de experiência na área social. Em sua trajetória, a morte de um amigo portador de AIDS/HIV a impactou significativamente. Outra amiga, também contaminada pelo vírus, sugeriu que ela voltasse sua atenção para a área infantil na qual já tinha vivência.

Foi então que Elizabete Franco percebeu a falta de diálogo com as crianças afetadas pelo vírus, no que se refere à própria doença e à morte de seus amigos igualmente contaminados. Sua experiência aponta o caminho do reconhecimento da fragilidade e do acolhimento. Em seu relato, ela destaca a importância do papel das universidades e das organizações não-governamentais para a sociedade se tornar menos preconceituosa e discriminatória. Em sua visão de futuro, vislumbra a descoberta da cura da Aids e a tolerância "entre os povos, que conseguem respeitar suas diferenças".

A entrevistada possui "um olhar desconfiado em relação aos grandes laboratórios, que estão ganhando rios de dinheiro". Ela questiona os trabalhos sociais da indústria farmacêutica mundial tendo em vista que essas indústrias "estão milionárias e a população do mundo está morrendo". Dessa maneira, afirma, fica difícil acreditar em trabalho social de laboratórios farmacêuticos. Posiciona-se como cética e diz ver, "com os próprios olhos, que as pessoas estão morrendo e que isso tem a ver com o lucro exacerbado". Quanto ao futuro dos negócios, considera que "se as empresas pudessem reduzir o lucro, no caso específico dos remédios, isso seria uma inovação". E aponta contradições nas organizações "que financiam projetos sociais, só que não aceitam negros, homossexuais e portadores de HIV" em seu quadro de colaboradores. Significa dizer que só aparentemente essas empresas incluem os excluídos, explica. Elas deveriam efetivar uma prática social de respeito ao seu próprio trabalhador, argumenta.

Quanto às estratégias, Elizabete defende que, em resposta à Aids no Brasil, é preciso ser mais atuante no que se refere aos direitos humanos. Cita o fato de que o programa brasileiro de combate à Aids oferece remédio, mas não no caso de uma amiga que descobriu ser portadora do vírus HIV. Sua amiga entrou na Justiça em 1996 e ganhou a causa para que o Estado lhe fornecesse o remédio. Quando ganhou, apareceram inúmeras outras ações semelhantes. "A partir daí é que as entidades da sociedade civil se mobilizaram. Quem entrou como pioneira com essa ação foi uma advogada do Grupo de Apoio e Prevenção à Aids (GAPA) na época, pois o GIV (Grupo de Incentivo à Vida), entidade na qual a portadora se encontrava, não tinha advogado", ela relembra. E ressalta a importância da ação, da coragem da "sociedade civil com a clareza do que é o direito humano, a clareza desse valor à vida. Por isso o Brasil passou a distribuir esse remédio, que já estava previsto na Lei", diz a entrevistada.

Segundo seu ponto de vista, "a epidemia só não está pior no Brasil, e só não chegou aos números que poderia chegar, por conta da sociedade civil". Considera que as pessoas ouvem pouco. Portanto, sua estratégia é a escuta. Diz que muitas pessoas não conseguem ter ouvidos acolhedores. Para quem deseja investir em um projeto social, ela aconselha dividir o trabalho em etapas. O primeiro passo é escolher uma área de atuação. Em seguida é necessário pesquisar as necessidades das comunidades locais e construir projetos em parceria com elas. O passo seguinte, diz, é "fazer um projeto, executar, avaliar as lições aprendidas e o que pode ser reformulado". Por fim, recomenda outros pequenos conselhos, que valem para todas as empresas e organizações: "tratar melhor os seus funcionários e rever a questão do lucro exacerbado".

Elizabete também questiona o poder de influência do formador de opinião e denuncia o efeito devastador do preconceito. Em sua perspectiva, o mundo que construímos hoje pode ser "mais plural, solidário e respeitoso". A partir de sua visão como psicóloga social, a entrevistada fala que "os preconceitos são uma maneira de extermínio". Podem impedir a vida interior de um grupo e assim provocar "mortes subjetivas".

Sonhos de futuro e temas abordados

Durante a leitura das entrevistas, alguns temas se apresentaram, revelando a articulação entre os três segmentos pesquisados (Executivos, Empreendedores e Pensadores). São eles:

A questão da sustentabilidade

O tema sustentabilidade permeia o discurso de todos os entrevistados, no que se refere ao futuro do mundo e ao legado às futuras gerações. Não é possível resolver os problemas ambientais sem que se compreenda o nível de conhecimento e envolvimento dos países e de seus grupos sociais. É sabido que muitas nações desenvolvidas que apontam um alto padrão de vida para seus habitantes dependem dos recursos extraídos de outros países, em geral mais pobres. Nesse sentido, a humanidade se situa diante de problemas socioambientais decorrentes da maneira como tais grupos manejam sua subsistência e geram situações para o todo, bem como os impactos no meio ambiente e, em menor grau, nos recursos disponíveis[39].

Muitos dos países desenvolvidos são os que mais degradam a natureza, quer pela utilização intensiva de recursos para manter o alto padrão de consumo de suas populações afluentes, quer pela quantidade de poluentes que resultam dos processos de produção e consumo que ultrapassam a capacidade de assimilação da natureza[40]. Há pessoas vivendo à margem da sociedade em

---

[39] BARBIERI, 2007, p.26.
[40] BARBIERI, 2007, p.20.

diferentes regiões do planeta. Não importa qual o nome que se dê a essa multidão de excluídos, eles praticamente não interagem com a sociedade organizada, são como o "erro" no processo de desenvolvimento econômico-social de um país ou uma região.[41]

No Brasil, a população de excluídos gira em torno de 30 a 40 milhões de pessoas. É necessário o desenvolvimento de programas especiais para esse segmento a fim de permitir sua inserção na sociedade. Ao conjunto de tais programas é que se convencionou chamar de assistência social, o que inclui atividades de setores governamentais, no âmbito federal, estadual, municipal e não--governamentais (ações empresariais, institucionais e corporativas, assim como obras filantrópicas e trabalhos voluntários). Chama-se de "ação comunitária" a "esse somatório de ações de vários atores em uma determinada área"[42].

Dispensável frisar o quão importante é, estrategicamente falando, esse processo no âmbito comunitário em um país como o nosso, tão carente de recursos financeiros. Sob esse ângulo, há entrevistados de diferentes segmentos que parecem convergir no discurso. Nossa pergunta é: há convergência de estratégias para ações comuns? Em alguns aspectos nos pareceu que a resposta é afirmativa. A Comissão Mundial sobre Meio Ambiente e Desenvolvimento, também conhecida como Comissão Brundtland, entendeu por desenvolvimento sustentável "aquele que atende às necessidades do presente sem comprometer a possibilidade das gerações futuras de atenderem as próprias necessidades".[43]

Se, como foi dito, o conceito de desenvolvimento sustentável pressupõe o legado de uma geração a outra, com a finalidade de que todas possam ter suas necessidades atendidas, "a sustentabilidade, ou seja, a qualidade daquilo que é sustentável, passa a incorporar o significado de manutenção e conservação *ab aeterno* dos recursos naturais"[44]. Sendo assim, há exigências de "(...) avan-

---

[41] PINTO, 2002, p.19.
[42] Ibidem.
[43] BARBIERI, 2005, p.23.
[44] BARBIERI, 2005, p.37.

ços científicos e tecnológicos que ampliem permanentemente a capacidade de utilizar, recuperar e conservar esses recursos, bem como novos conceitos de necessidades humanas para aliviar as pressões da sociedade sobre eles"[45].

Em um comentário feito ao encerrar a Convenção Científica Internacional em Siena, na Itália, em 1989, a física e filósofa indiana Vandana Shiva contou a história de um ancião americano que resumiu de forma concreta a impossibilidade de converter dinheiro em vida: "Apenas quando você tiver cortado a última árvore, pescado o último peixe e poluído o último rio vai descobrir que não pode comer dinheiro", disse.[46]

Os apontamentos da economista britânica Hazel Henderson, radicada nos Estados Unidos, onde se tornou uma das precursoras na defesa dos negócios baseados no tripé da sustentabilidade (que leva em conta o aspecto social, o ambiental e o econômico) e da chamada Economia do Amor, na maior parte das vezes sem remuneração e fora das estatísticas oficiais do mundo financeiro, complementam esse modo de pensar. De acordo com Hazel, "nas condições atuais de mudança acelerada – impelida pelas forças globalizantes acionadas por atividades humanas que criam essas complexidades interativas –, só a involução rumo a unidades autoadministráveis, menores e mais celulares, em comunicação muito mais profunda umas com as outras, pode produzir organizações e corpos políticos funcionais; ou seja, a democracia é **necessária**." (grifo da autora)[47]

Ela demonstra, por meio de diversos fatos, o processo de transformação de modelos políticos, a tendência à descentralização dos movimentos populares de cidadãos pedindo maior responsabilidade e transparência dos governos, das corporações e das instituições acadêmicas, profissionais e religiosas. Isso significa dizer que há muitos indícios da necessidade premente de for-

---

[45] Ibidem.
[46] Citado por BRUNNACCI e PHILLIPI JR., 2005, p.281.
[47] HENDERSON, 2006, p.20.

talecer a proteção aos consumidores e aos direitos humanos, pois há evidências de ameaça à vida em nosso planeta.

Em seus comentários, Hazel fala que marchamos inevitavelmente rumo à democracia, mas nos deparamos com sujeitos autoritários, tanto nos "Estados Unidos, quanto entre os patriarcas da velha guarda soviética, ditadores militares ou nas hierarquias das megacorporações". O que há em comum entre esses personagens, ela afirma, é "medo e desconfiança da 'natureza humana' e de qualquer soberania 'do povo, pelo povo e para o povo', porque pensam que são tão voltadas para o poder e para o ego quanto eles próprios"[48].

Lucratividade e bem-estar

A vivência de mudar a todo o momento parece dar a ilusão de que se está sempre em preparo, sem chegar ao fim. Isso pode perpetuar uma falsa ideia de imortalidade e, diante da realidade em constante movimento, não resta tempo para reflexão. A ideia de fragmentação do trabalho por parte dos ditos privilegiados, aqueles que abrem mão da qualidade de vida para terem a recompensa monetária, equivale a dizer que, cada vez mais, o aspecto humano é descartável. Nesse sentido, podemos dizer que é "impossível segregar o conceito de vida entre vida no trabalho e fora dele, já que o sofrimento gerado pelas exigências do sistema acompanha o indivíduo mesmo quando está desempregado".[49] Como é possível reverter isso, ou ainda, é possível? Por que as organizações o fariam se são as beneficiárias da produção?

Há um aumento na prevalência de síndrome de esgotamento profissional naqueles trabalhadores cujos ambientes de trabalho

---

[48] Ibidem.
[49] HELOANI; DA COSTA, 2003, p.7.

passam por transformações organizacionais como dispensas temporárias, diminuição da semana de trabalho sem reposição de substitutos, enxugamento (*dowsizing*), a chamada reestruturação produtiva[50]. O risco dessa síndrome se acentua naqueles que vivem a ameaça de mudanças compulsórias na jornada de trabalho e o declínio significativo na situação econômica. Os fatores de insegurança social e econômica aumentam o risco (incidência) de esgotamento em todos os grupos etários, mostram os pesquisadores. Para haver qualidade no ambiente profissional, é necessário que haja envolvimento de todos. Um descompasso presente, frequentemente, nas organizações é a importância dada muito mais ao aspecto tecnológico do que à potencialidade humana, o que foi verificado por Eda Conte Fernandes, tanto em empresas brasileiras quanto nas companhias americanas[51], como ela relata no livro "Qualidade de vida no trabalho", de 1996.

Por fim, Bernardini (2003, p.26) comenta que: "uma empresa por si só não é nada – ela é o resultado direto e inevitável das pessoas que ali trabalham". Acrescenta que um fator decisivo para a boa saúde financeira das empresas é a admiração dos funcionários. Aquelas que estavam no *ranking* das melhores e continuaram investindo na excelência do ambiente de trabalho apresentavam um desempenho superior, mesmo seis meses após a publicação na *Fortune*. "[...As] médias de dois índices – o *Dow Jones* e o *Standard & Poor´s* – subiram, respectivamente, 13,2 e 16,6%, as 100 melhores da *Fortune* tiveram 25% de alta"[52]. Na lucratividade dessas empresas inclui-se também as despesas que investem para reter bons profissionais. A mesma autora aponta dados da consultoria Hay e da revista *Exame*, segundo os quais os custos com a perda de um profissional mediano estão entre R$ 300 mil e R$ 600 mil, e com executivo a soma mínima era na casa do milhão, além dos clientes que iam embora com ela e do tempo a ser gasto e do investimento com outro bom profissional.

---

[50] JARDIM; SILVA FILHO; RAMOS, 2004, p.77.
[51] FERNANDES, 1996.
[52] BERNARDINI, 2003, p.155.

A gestão da qualidade de vida pode ser uma resposta aos dilemas atuais, por um lado. Pode, por outro, enfraquecer a luta se o fim se concentrar somente nos "benefícios econômicos pontuais" ou na "luta pelo poder", simplesmente[53]. Parece haver uma unanimidade entre executivos, empreendedores e pensadores entrevistados sobre a visão de que as empresas e todos nós devemos olhar para além dos lucros e buscar, por meio de gestões e situações que envolvam o diálogo genuíno, diminuir, senão eliminar, os elementos estressores na situação de trabalho.

Qualidade de vida no trabalho

No início dos anos 1950 e ao longo dos anos 60, havia a crença de que, com o advento da crescente busca por qualidade de vida no trabalho (QVT), haveria um aumento da produtividade. O que se percebeu é que enquanto a produtividade emergia, a falta de qualidade denunciava a deterioração nas relações de trabalho. Uma conferência do Ministério Europeu de Saúde Mental[54], promovida pela Organização Mundial de Saúde (OMS) em 2005, constatou que o estresse dos trabalhadores causa grave dano à saúde mental e traz efeitos colaterais que vão desde a violência no ambiente de trabalho até o consumo de drogas, fumo e álcool, bem como a promiscuidade e o comportamento autodestrutivo.

Embora afete de maneira distinta determinados segmentos da população, a falta de qualidade no ambiente profissional é concomitantemente fonte de estresse e satisfação. Em um estudo abrangente, a Agência Europeia de Pesquisa para Segurança e Saúde

---

[53] GUTIERREZ ; ALMEIDA, 2006, p.93.
[54] World Health Organization – WHO European Ministerial Conference on Mental Health 12-15-January, 2005. Disponível em <http://osha.eu.int> acesso em 1/02/2006.

no Trabalho[55] apontou que 28% dos profissionais avaliados tinham problemas de saúde relacionados ao estresse. Número superado apenas pelas dores lombares, que afetavam um terço dos pesquisados. Isso equivale a dizer que na União Europeia, 41 milhões de trabalhadores anualmente ficam comprometidos, o que significa 600 milhões de dias de trabalho perdidos por doença laboral.

Desde o final dos anos 1960 até meados da década seguinte, a busca de qualidade no ambiente de trabalho subiu ao topo das preocupações. Foram feitas diversas experiências com o objetivo de tornar o espaço fabril mais atraente para os jovens operários, diminuindo assim a evasão da classe trabalhadora. Algumas dessas experiências, que de fato não introduziram inovações significativas, foram chamadas de "administração participativa". Tentou-se dar autonomia na organização do trabalho de alguns setores fabris, sem que o conjunto da fábrica tivesse sido adaptado para harmonizar-se com os segmentos que adotaram a organização autônoma. Isso impossibilitava uma real inovação, já que o desenho das máquinas fora planejado com o intuito de manter o trabalhador dependente de uma gerência, que supervisionava e estudava seus tempos e movimentos.

Com o decorrer dos anos, surgiram novos mecanismos de controle: os empregados passaram a ser levados a identificar os valores que deveriam adotar no interior da empresa, de modo a levá-los em conta ao tomar suas decisões cotidianas. Equivale a dizer que, nesse processo de adaptação ao ambiente corporativo, há uma dominação simbólica e inconsciente dos funcionários. Há, portanto, uma subserviência ao poder e ao lucro em detrimento da subjetividade[56]. A lógica é exercer poder de forma contraditória colocando, lado a lado, de forma positiva e ambígua, "vantagens" e "restrições"[57].

---

[55] European Agency For Safety And Health At Work Research (EASHWR). A Agência Europeia de Pesquisa para Segurança e Saúde no Trabalho está disponível em http://agency.osha.eu.int/publications/reports (palavra-chave para busca: "stress").
[56] HELOANI, 2003, p.102.
[57] Op.cit., p. 106-107.

O conceito de qualidade de vida traz associações tanto no que diz respeito às questões na área da saúde, quanto à segurança na área do trabalho. Inclui fatores que contribuem para a satisfação dentro e fora do ambiente profissional. Atualmente, a discussão se ampliou também para a inclusão de aspectos relacionados à educação e à moradia, tradicionalmente responsabilidades sociais de cunho político, que escapam às obrigações estatutárias da empresa. Há, contudo, um ponto de vista segundo o qual a empresa pode, sim, oferecer os subsídios concretos necessários para garantir uma vida familiar mais satisfatória aos seus colaboradores.

As organizações possuem cada vez mais responsabilidades sobre os riscos que representam para o ambiente. Os espaços internos e externos à empresa são indissociáveis, o que significa dizer que o trabalho não abrange apenas os trabalhadores, mas uma gama de muitas pessoas envolvidas indiretamente, tais como parentes, vizinhos e amigos. Não está longe o dia em que as organizações poderão assumir riscos de saúde mental daqueles que delas dependem tanto afetiva, quanto socialmente.

Em uma pesquisa feita com executivos brasileiros, Betânia Tanure Barros[58], professora da escola de negócios Fundação Dom Cabral, identificou no cotidiano das empresas três grandes grupos em relação aos valores organizacionais de bem-estar e qualidade. O primeiro deles, é o que realmente busca a qualidade de vida dos colaboradores, bem como "encontrar alternativas de gerenciamento da pressão por resultados"; o segundo grupo adota esse discurso, mas sua prática cotidiana o contradiz, embora as empresas dessa categoria tenham ações de responsabilidade social; já o terceiro grupo de companhias não discute o assunto por considerá-lo da alçada do indivíduo. "O segundo e o terceiro grupos trabalham com base na premissa – muitas vezes inconsciente em seu discurso – da descartabilidade do ser humano. As pessoas são substituíveis e a empresa tem de conseguir tirar delas a melhor 'performance' possível", explica a pesquisadora.[59] Essa seria a posição da maioria das empresas na contemporaneidade, aponta o estudo.

---

[58] BARROS, 2003, p.9.
[59] Ibidem.

Em outra pesquisa, dessa vez com executivos de 30 a 33 anos, que concluíram seu MBA entre 1999 e 2000 na prestigiada escola de negócios americana Harvard Business School, ficou clara a percepção frente à deterioração da qualidade de vida no trabalho.[60] As entrevistas apontam dados interessantes. Dentre eles, o fato de que muitos dos entrevistados acreditavam não ser possível conciliar um bom ambiente de trabalho com alto salário.[61] Além disso, ninguém parecia disposto a sacrificar seu ganho monetário por qualidade de vida. Embora abrissem mão de sua rotina pessoal pela remuneração, os entrevistados não acreditavam estar sendo pagos justamente diante das responsabilidades assumidas e das horas trabalhadas. Eles também não se percebiam tendo uma situação privilegiada por terem estudado em Harvard e, apesar de terem consciência da deterioração de sua qualidade de vida, aceitavam a situação passivamente.

Diante de uma realidade na qual a possibilidade de um emprego de longo prazo é remota, outros fatores, como remuneração, aprendizado constante e exposição a um mercado de trabalho falam mais alto do que qualidade de vida, que passa a ser encarada como um fator de sorte. Algo que uns têm, outros não. Prevalece, portanto, a visão imediatista da organização cujo fim não é ela, mas o interesse e os ganhos pessoais que ela pode proporcionar. Nesse sentido, a visão de coletivo cada vez mais se dilui.

Espiritualidade nos negócios

O tema espiritualidade emergiu nas várias entrevistas. Primeiramente, surgiu certa preocupação sobre qual a melhor maneira de abordá-lo. Qual não foi a surpresa ao verificar, na internet, um enorme número de eventos a respeito, com rica indicação de si-

---

[60] DA COSTA, 2001, p.104.
[61] HELOANI; DA COSTA, 2003, p.5.

tes em inglês, português, espanhol ou em publicações renomadas como *Business Week, Fortune, Exame* e *Revista da ESPM*.

Como esse sentido transcendental da empresa é novo, às vezes se confunde com responsabilidade social corporativa (RSC). A crescente busca do tema espiritualidade nos negócios é um fenômeno mundial.[62] Laura Nasch[63], que leciona ética na Escola de Negócios da Universidade de Harvard, nos Estados Unidos, enumera três motivos para a entrada da espiritualidade nas empresas. O primeiro deles é decorrente do progresso científico em distintas áreas e faz emergir, por exemplo, conceitos ligados à física quântica e às diferentes inteligências. Esse fato, além de permitir o rompimento com uma visão mecanicista e de controle da realidade, possibilita o nascimento de uma percepção mais integrada de mundo. O segundo motivo foi uma reação aos descalabros presentes na década de 1980, com muitos escândalos na área financeira, bem como os fracassos na área econômica. O terceiro e último motivo para as empresas abraçarem o conceito de espiritualidade nos negócios refere-se à autonomia dada aos empregados. Ou seja, eles passam a viver mais como seres humanos do que como máquinas e, assim, podem trazer todos os seus aspectos, inclusive sua essência mais profunda, ao cotidiano no trabalho. Isso quer dizer que a espiritualidade sempre esteve presente, só que outrora era abafada.

Para Francisco Gracioso, presidente da Escola Superior de Propaganda e Marketing de São Paulo (ESPM), essa é uma tentativa de recuperar "os laços de identidade com os executivos"[64], visto que as empresas romperam com o contrato social estabelecido com seus funcionários. Outra perspectiva é a de buscar maior convergência entre os valores pessoais e os da empresa, o que pode ser outra fonte de estresse.[65] Nesse sentido, nas empresas nas quais os funcionários reconhecem a espiritualidade nos negó-

---

[62] COHEN, 2002.
[63] Apud COHEN, 2002, p.26.
[64] Ibidem.
[65] BARROS, 2002.

cios, há maior dedicação e resultados e mais tempo destinado ao trabalho por parte dos colaboradores. Segundo as pesquisas, os executivos trabalham uma média de 11 horas ao dia, dentre eles, 60% atestam que o fazem inclusive nos fins de semana. Além disso, 55,2% apontam o aumento da pressão do trabalho devido às tecnologias de informação, como celulares, e-mail, redes sociais. Dessa forma, é evidente o fato de os funcionários dedicarem grande parte do tempo de seu dia ao trabalho, por isso levarem para ele os esportes, o lazer, os seus afetos, e em decorrência, incluírem também a transcendência.

Os efeitos desses princípios são bastante abrangentes, tanto para as organizações e os negócios, quanto para as pessoas. Esse movimento "enfatiza a autonomia, a liberdade e a responsabilidade individuais e coloca na experiência de cada um de nós – no nosso self /eu interior – toda a fonte de autoridade sobre aquilo que conhecemos".[66] Há um casamento perfeito no que se refere à lógica do capitalismo, que enfatiza o desempenho do indivíduo como o responsável pelo desenvolvimento. Dessa forma, a quebra dos elos entre empresas e funcionários é feita de maneira harmoniosa, sem grandes tensões ideológicas ou políticas. Essa ideologia enfatiza a transformação permanente, o que é interessante para o capitalismo no que diz respeito à sua reformulação produtiva. Isso permite uma renovação constante do indivíduo, o que pode também gerar tensões tanto à organização, quanto às pessoas.

Primeiramente, por colocar a responsabilidade sobre o indivíduo, essa constante necessidade de reformulações e de autoconhecimento provoca uma busca incessante de *expertises*, de novas habilidades a fim de encontrarem o próprio lugar. Há, diante de oscilações entre fracassos e sucessos, porém, uma única responsabilidade: a do indivíduo se conectar com o seu "eu" interior. Somente isso protege nossa autoestima, por isso o aumento de livros de autoajuda. Para o rabino Nilton Bonder, a fé e a espiritualidade lidam com estruturas não-comprováveis, não-científicas, de obs-

---

[66] BARBOSA, 2007, p.82-83.

curidade — mas que são o mundo real[67]. Em seu discurso, ele comenta o quanto é necessário não descartar nosso lado penumbra. "A maior contribuição do mundo espiritual é ensinar as pessoas a viver num mundo sem respostas", diz o rabino.

Quociente de inteligência espiritual

A física americana Danah Zohar, e seu marido, Ian Marshall, abordam no livro "QS: Inteligência Espiritual" (2000) um novo tipo de inteligência descoberto pelos cientistas, que denominaram "ponto divino" no cérebro. Há nos lobos temporais do cérebro uma região que nos incita a buscar valores e significados maiores. Esse mecanismo fisiológico pode nos auxiliar a lidar com questões que nos são essenciais e abrir uma nova vertente no mundo dos negócios. "O 'ponto Deus' não prova a existência de Deus, mas, de fato, demonstra que o cérebro evoluiu para fazer as 'perguntas finais', para *ter e usar a sensibilidade*"[68] como, por exemplo, dar sentido à vida e abordar valores mais amplos, escreve o casal Danah Zohar e Ian Marshall.

Diferentemente da Inteligência Emocional, que trata das emoções, a Inteligência Espiritual trata da alma. Em nossa sociedade atual, esse é um quociente pouco desenvolvido, havendo relação entre esse baixo nível e a crise da sociedade contemporânea. Embora vivamos em uma cultura espiritualmente medíocre, assentada em uma postura materialista, utilitarista, caracterizada pela recusa em assumir compromisso, ainda é possível incrementar essa espiritualidade. A partir do desenvolvimento da Inteligência Espiritual individual é que pode haver uma mudança nesse processo coletivo. Assim como não fazemos bom uso dos nossos relacionamentos, nem do nosso ambiente, também não sabemos aproveitar nossos sentidos de maneira profunda. "Ignoramos as qualidades humanas

---

[67] BONDER, 2002, p.30.
[68] ZOHAR; MARSHALL, 2000, p. 26.

e nos concentramos, cada vez mais freneticamente, em fazer coisas, em atos de 'ganhar e gastar'. Negligenciamos tristemente o sublime e o sagrado que existem em nós, nos outros e no mundo"[69], registram os autores do livro "QS: Inteligência Espiritual".

Quando a ciência do século XX indica que o todo é maior que a soma das partes, essa é uma perspectiva que merece ser aprofundada, na medida em que é no todo que podemos descobrir riquezas e possibilidades que não são encontradas nas partes! Sob essa ótica, a ciência pode contribuir para a compreensão do aspecto espiritual. Espiritual percebido como o contato com um todo que é maior, rico e profundo, que amplia nossa perspectiva limitada do presente. Implica o senso de que há "alguma coisa além", "algo mais", que confere sentido e valor à situação em que estamos agora. Esse "algo mais" espiritual talvez seja uma realidade social mais profunda ou uma rede social de sentido. Pode ser, quem sabe, uma percepção ou uma sintonização com as dimensões mitológica, arquetípica ou religiosa da situação em que nos encontramos. Ou, quem sabe, ser o senso de que há um nível mais profundo de verdade ou beleza. E/ou também a sintonização com um senso de inteireza cósmica, de que nossos atos são parte de algum processo universal mais amplo[70].

Em entrevista à revista de negócios *Exame*[71], a autora do livro sobre a Inteligência Espiritual, comenta que falar de espiritualidade voltada aos negócios "significa simplesmente trabalhar com um sentido mais profundo de significado e propósito na comunidade e no mundo, tendo uma perspectiva mais ampla, inspirando seus funcionários". Para Danah Zohar, desconhecemos o que seja, de fato, a vida. "Não sabemos qual é o jogo que jogamos, nem quais são as regras. Falta-nos um sentido profundo de objetivos e valores fundamentais. Essa crise de significado é a causa principal do estresse na vida moderna e também das doenças", ela argumenta. Sendo a busca de sentido o eixo da vida do ser humano, quando tal não ocorre, a vida vai se tornando vazia.

---

[69] Ibidem.
[70] Op.cit., p. 34.
[71] NAIDITCH, 2001, p.77.

No mundo atual parece que as pessoas não estão atentas a essa busca essencial. Há um novo capitalismo emergindo, segundo Zohar. Nele sobreviverão as empresas com visão de longo prazo, preocupadas com o planeta e em desenvolver as pessoas que as integram. Aquelas organizações que estão voltadas para o lucro, porém com a finalidade de desenvolvimento das comunidades, de cuidado com o planeta e com a propagação da saúde e da educação. Agindo, enfim, como agentes em benefício do mundo.

O escritor Joseph Campbell, autor de "O poder do mito" argumenta que não estamos mais familiarizados com a literatura do espírito. Atualmente, nossa atenção se prende às notícias do cotidiano e aos problemas do momento. Nos tempos antigos, o campus da universidade era um espaço fechado e hermético, diz. A atenção dedicada à vida interior não se chocava com as notícias do mundo externo, muito menos "com a magnífica herança humana que recebemos de nossa grande tradição – Platão, Confúcio, Buda, Goethe e outros, que falam dos valores eternos que têm a ver com o centro de nossas vidas"[72], escreve Campbell.

Trazemos o potencial e a missão de vivermos nossa vida e cabe a nós seguir essa "bem-aventurança". Isso significa dizer que existe uma sabedoria em nosso interior que nos dirá quando estamos "no centro", quando estamos "na direção certa ou fora dela".[73] Se abandonarmos "a direção para ganhar dinheiro", perderemos a vida. No entanto, se estivermos no centro, mas não conseguirmos dinheiro, ainda nos restará a nossa "bem-aventurança"[74].

Darth Vader e a importância dos predadores

Há muitos desafios pela frente. Mas há certas respostas que podemos encontrar na ficção, ou nossa vida é uma ficção, muitas

---

[72] CAMPBELL, s/d, p.3.
[73] Op.cit, p.240.
[74] Ibidem.

vezes? Quem destrinchou essa perspectiva foi o escritor Joseph Campbell, em entrevistas ao jornalista Bill Moyers. Para ele, a trajetória do herói, o sacrifício ritual e os mitos passados nos ajudam a compreender o presente e a nós mesmos. Bons exemplos de alguns dos nossos obstáculos estão refletidos no personagem de Darth Vader, o vilão do filme *Star Wars* (Guerra nas Estrelas), dirigido por George Lucas, que representa, metaforicamente, um ser que "não desenvolveu a própria humanidade. É um robô. É um burocrata, vive não nos seus próprios termos, mas nos termos de um sistema imposto. Este é o perigo que hoje enfrentamos como ameaça às nossas vidas"[75], descreve Campbell no livro "O poder do mito".

Dessa maneira, pergunta-nos o escritor se o sistema fará o mesmo conosco, ou seja, se vai nos reduzir ao ponto de negarmos nossa própria humanidade, ou pelo contrário, poderemos utilizá-lo "para atingir propósitos humanos? Como se relacionar com o sistema de modo a não o servir compulsivamente?"[76] Mudar em função de nossas concepções ou das concepções de outrem não é a saída, mas, sim, ser um indivíduo de nosso tempo. Essa é nossa maior aventura: sermos nós mesmos! Mas de que maneira?

Para refletirmos sobre a resposta a essa questão, valemo-nos do diálogo entre o escritor e o jornalista sobre o poder dos mitos e dos personagens heroicos. Joseph Campbell defende a importância de seguirmos nossos ideais de modo semelhante ao do herói da primeira trilogia de Guerra nas Estrelas, Luke Skywalker, ao rejeitar as pressões que o sistema lhe impôs. No clímax da última disputa, a voz do mestre Jedi Ben Kenobi diz a Skywalker: "Desligue o seu computador, desligue a máquina e seja você mesmo, siga seus sentimentos, confie em seus sentimentos".[77]

Parece-nos que, de forma similar, há no mundo uma espécie de anestesia, onde tudo é banalizado e a questão da humanização não é percebida de imediato. Essa "banalização do mal"[78] não

---

[75] Op.cit., p.153.
[76] Ibidem.
[77] Ibidem.
[78] DEJOURS, 1999.

tem seu início gerado por impulsos advindos da mente do sujeito. Tem sua origem na manipulação de ordem política que traz a ameaça às pessoas, tanto de exclusão em seu meio social, quanto da precariedade dos cuidados. Portanto, esses impulsos psíquicos das pessoas, que surgem em forma de defesas, são secundários. A causa não está aí. Os indivíduos que lutam contra seu próprio sofrimento utilizam-se do "mal" quando se veem amedrontados perante ameaça.

Algo que explicita essa fala, e nos instiga, é o sentido com que a psicóloga junguiana Clarissa Pinkola Estés introduz o conceito de predador, que existe no indivíduo e na cultura, visto que o sujeito se constroi com os outros, no coletivo. Esse predador constitui-se na "força sinistra da psique, ou seja, é o bandido arquetípico que precisa da luz, que a deseja e a rouba".[79] Autora de "Mulheres que correm com os lobos", a psicóloga Clarissa descreve o predador como "um inimigo inato e contemporâneo dos dois sexos, desde o instante do nascimento".[80] Ele está presente em vários contos de fada. Seu desejo é o de obter a superioridade e o poder sobre os demais. Clarissa os define como aqueles que são acometidos por algo que aponta como "uma espécie de inflação psicológica pela qual desejam ser mais sublimes que o Inefável, tão importantes quanto ele ou pelo menos igual"[81]. O Inefável é entendido como "aquele que por tradição distribui e controla as forças misteriosas da Natureza, incluindo-se os sistemas da Vida e da Morte, as leis da natureza humana, e assim por diante"[82].

A relação do predador com a espiritualidade nos parece elucidar um ponto muito importante, no que se refere aos negócios e à responsabilidade coletiva. Quando o predador domina essa cultura, "toda nova vida que precisa nascer, bem como toda velha vida que precisa partir, é incapaz de se movimentar, e a vida es-

---

[79] ESTÉS, 1994, p.535.
[80] Ibidem.
[81] Ibidem.
[82] Ibidem.

piritual dos seus cidadãos sofre um congelamento tanto pelo medo quanto pela inanição espiritual"[83]. É necessário compreender que a natureza humana abarca a existência de predadores e aprofundar esse significado é "tornar-se um animal maduro, pouco vulnerável à ingenuidade, inexperiência ou insensatez"[84], propõe a escritora.

Mas a questão que resta é como desarmar o predador em nós? Nós o conseguimos quando, em vez de insultá-lo ou fugir, o desarmamos. E como o fazemos? Enfrentando e protegendo nossas verdades, seguindo nossas intuições sem ceder à sedução do predador. É assim que sua força se esvai e ele deixa de ter poder sobre nós. Assim também retiramos dele o que nos é útil. Como, por exemplo, a raiva, que pode se transformar em uma exaltação voltada para a realização de algo importante no mundo. Sua natureza assassina pode ser usada para, de fato, fazer morrer algo na vida que não seja mais necessário. É preciso aproveitar as partes e isolá-las, tal como se faz com algumas plantas venenosas, que apresentam elementos medicinais para curar. Suas cinzas se levantarão, mas com muito menor intensidade e com poder reduzido para enganar, podendo ser reconhecidas mais facilmente, pois muitos dos poderes voltados à destruição foram anulados e direcionados àquilo que tem utilidade e relevância. Dessa forma, parece que é na reflexão, compartilhada e verdadeira, que poderemos encontrar bálsamo para nossas feridas coletivas.

Os autores brasileiros Jair Moggi e Daniel Burkhard descrevem uma visão sensível voltada às organizações em seu livro "O Espírito Transformador". Para se compreender o termo espiritual devemos aprofundar o sentido que, comumente, lhe empregamos como algo místico, eles explicam. "Místico como denotado no radical da palavra **mistério**, ou seja, aquilo que não vemos, mas intuímos existir, aquilo que todas as tradições e culturas respeitam como sagrado." (grifo dos autores).[85] Sendo assim, essa percepção mística que associamos à espiritualidade significa "ver a

---

[83] Op.cit. p.92.
[84] Ibidem.
[85] MOGGI e BURKHARD, 2000, p.17.

conexão de tudo o que existe no mundo material como de origem misteriosa, sagrada, sutil, ecumênica e por excelência por não se comprometer com nenhum dos rios (religiões) que formam o oceano depositário de todas as verdades espirituais de todos os povos e de todas as épocas".[86]

Afirmam ainda, os autores, que essas "leis ou princípios formadores" estão por trás de todos os movimentos presentes criados pelo ser humano, ou seja, por trás de todas as instituições, todos os grupos e todas as mudanças. "São leis e princípios inovadores, mas ao mesmo tempo antigos, porque eternos. Eternos porque são de natureza espiritual ou arquetípica, isto é, estão na base de tudo o que sabemos e sentimos como seres co-criadores da realidade que nos cerca."[87]

O sentido da criação, da arte e do acolhimento

Há muito que o ser humano vive alienado de si próprio. Essa condição foi pouco alterada em função dos avanços tecnológicos e da riqueza material. Pelo contrário, as múltiplas exigências e tarefas, a constante mudança e a aceleração do cotidiano não contribuíram para a sua integração enquanto ser individual e social, mas o envolveram em um processo de desintegração. Uma vez que tudo nos chega online, perdemos o contato com a realidade concreta, o contato com a terra, com o cheiro, e tudo passa a ser mediado via imagem virtual. Esse mundo – o virtual – criou um espaço interno diferenciado de tal forma que o ser humano voltou-se para si mesmo, e ficou longe do toque, do tato, do contato humano.

O psiquiatra Enrique Pichon-Rivière, que fez a articulação entre a Psicanálise e a Psicologia Social, fala dos protagonistas – os

---
[86] Ibidem.
[87] Ibidem.

criadores, os artistas, os revolucionários – como aqueles que podem ser os porta-vozes de um grupo ou comunidade. Esses indivíduos, defende, antecipam um modo de ver e sentir o mundo[88]. Como tal, são muitas vezes incompreendidos e alvo da resistência ao novo, presente nos demais. Eles se veem diante de situações sinistras e enfrentam, na maioria das vezes, a solidão. Daí usar o caminho da transcendência para fazer frente ao desafio que a vida lhes oferece: o caminho do engrandecimento do saber, para si e para os outros de seu tempo.

Relendo mitos e pensadores da contemporaneidade, deparamo-nos com a ideia de que a essência humana não se respalda na inteligência, na liberdade ou na criatividade, mas basicamente no cuidado. "O cuidado é, na verdade, o suporte real da criatividade, da liberdade e da inteligência"[89], defende Leonardo Boff, eminente teólogo. Ele sublinha o que muitos pensadores, há tempos, apontam como um mal-estar difuso que aparece "sob o fenômeno do descuido, do descaso e do abandono, numa palavra, da falta de cuidado".[90] Ele traz o cuidado como uma crítica à nossa civilização que, segundo Boff, está agonizando e, também, como um princípio que pode alimentar um novo paradigma para a nossa convivência. Cuidado vem a ser compreendido não apenas como um modo de agir, mas como algo mais profundo, uma atitude que inclui a preocupação, a responsabilidade com o outro, e mais "o envolvimento afetivo com o outro".[91]

Nesse sentido, o cuidado pressupõe encarar o outro na mesma condição de humanidade que nós. Falar de humanidade pressupõe voltarmos ao vínculo com uma qualidade de relação ou vínculo de mútuo significado e construção conjunta. Sob esse prisma – do cuidado, do cuidado com o outro, com o que nos circunda a partir do papel profissional – é que tentamos ler e acompanhar o percurso de vida de nossos entrevistados, que nos brindaram

---

[88] PICHON-RIVIÈRE, 1991
[89] BOFF, 1999, p.11.
[90] Op.cit., p.18.
[91] Op.cit., p.33.

com suas histórias de vida. No decorrer de seus discursos, eles apontam várias evidências de tais sintomas de crise civilizacional.

Em seus escritos sobre arte, o filósofo oriental Meishu-Sama, fundador da prática da ikebana do estilo Sanguetsu, comenta a respeito do importante papel dos educadores, dos artistas e dos políticos na transformação da consciência do povo em geral. Cita, como exemplo, Kikugurô, artista de teatro japonês renomado já em sua época, da primeira metade do século passado. Em suas apresentações, quando aplaudido, o artista não as reprisava no dia seguinte e entendia que a arte fora negligenciada, pois "quando a arte chega ao extremo, as pessoas esquecem até mesmo de aplaudir", ele dizia. Segundo Meishu-Sama, Kikugurô não lançava mão de artifícios no palco. "Sem qualquer movimento, ele conseguia manifestar a sensação real apenas pela expressão dos olhos, e com isso transmitia o seu magnífico vigor. Tratava-se realmente da energia da sua consciência cósmica, invisível aos nossos olhos"[92].

Pichon-Rivière[93] fala, ainda, do vínculo entre o objeto estético e o espectador. Segundo o criador da Psicologia Social, na Argentina, a experiência estética vivenciada pelo espectador ocorre quando uma obra de arte, simbolicamente, satisfaz as suas necessidades emocionais inconscientes. Há um descobrimento de suas fantasias inconscientes provocadas pela forma e pelo conteúdo do objeto em questão, como uma reação em espelho. Esse objeto estético possibilitará o prazer estético àquele que o aprecia quando transforma o objeto apreciado em experiência ou objeto de conhecimento. Se assim é, nem tudo pode ser incluído como arte, mas o que possibilita ao ser humano a liberdade de ser ele mesmo e de transformar o seu destino, por meio da criação, por meio da liberdade. Dessa maneira, entendemos arte na concepção do escritor francês André Malraux, como "anti destino"[94], ou seja, como possibilidade de escolha consciente do maior bem do ser humano: sua vida!

---

[92] MEISHU-SAMA, 1949, p.16.
[93] PICHON-RIVIÈRE, 1978
[94] Apud MORAIS, 1998.

Novos valores de bem-estar e de saúde

Embora este trabalho tenha estimulado pensar o futuro e o futuro dos negócios a partir de uma visão positiva, percebemos que, ao investigar o futuro sonhado, muitas desesperanças foram pontuadas. Um dos executivos, que traz em sua história a marca da luta pela sobrevivência, ao ser solicitado a dar um exemplo de uma organização que fosse um ponto desse referencial a serviço da sustentabilidade, responde que, do seu ponto de vista, não existe um bom modelo real, pois "o objetivo da empresa não é atender às comunidades. O objetivo da empresa é atender ao acionista. E o acionista não quer meio ambiente. O acionista quer dinheiro".

Esse seria um discurso descolado da prática ou uma visão prática da vida? Do nosso ponto de vista, embora seja apenas um representante dessa visão, o encaramos como um porta-voz dos empresários brasileiros, isto é, um mensageiro do não-explicitado que circula no conjunto. Há discursos, nesse sentido, também na voz de uma pensadora, quando se refere ao seu trabalho no consultório, onde se nutre de esperança, mas ao olhar o mundo fora dele é acometida por uma visão mais pessimista.

Outro pensador aponta os paradigmas existentes como não apenas contraditórios, mas "destruidores", conduzindo-nos à ganância e ao poder. Uma empreendedora comenta seu desapontamento ao verificar a falta de ética presente nas relações; e um executivo percebe atualmente a velocidade da destruição como sendo maior do que a de restauração, além de tratar da insustentabilidade do sistema econômico atual e da banalização da educação, assim como o persistente descaso dos órgãos públicos com a população a quem deveria servir.

Há quem mostre otimismo em relação ao futuro, mas no presente, em função das decepções políticas ocorridas no passado recente, há marcas de pessimismo.

Diante da perspectiva de mudança de valores culturais, os desafios são imensos considerando-se que os resultados imediatos são priorizados em nossa cultura. Alguns dos entrevistados defendem que a noção de bem-estar seja revisitada, bem como suas implicações culturais e a inclusão da saúde como valor. Concebendo-se o ser humano integralmente, a saúde é reconhecida em suas mais variadas esferas. O tema está atrelado à noção de bem-estar de si e do conjunto, à saúde dos profissionais que lidam com ela, à perspectiva de eliminar as "mortes subjetivas" provocadas pelo preconceito e à atuação das empresas de forma a incluir o contexto humano nos negócios e criar sistemas de trabalho que permitam às pessoas não serem escravas e incluir a educação dos funcionários não apenas no aspecto formal.

Interconexão: vínculo, coerência e escuta

Há referências à noção de interconexão no discurso das 28 pessoas entrevistadas. Entendemos que essa visão pode estar atrelada aos modelos econômicos que privilegiam a equidade como consequência da interconexão, dos negócios integrados à vida, aos valores humanos. Outro desdobramento dessa visão se daria na avaliação do conceito de ética, apontada por um dos entrevistados ao se surpreender pela maneira como as pessoas agiam, mais por desconhecimento, do que por má fé. Isso, do nosso ponto de vista, se articula à noção, ainda restrita, da conexão ampla que é necessária na visão presente.

Prevalecendo a unidade dentro e fora dos negócios, seria necessário eliminar a fragmentação que ocorre, como se as rotinas pessoal e profissional fossem vidas paralelas, dando a impressão que uma dimensão nada tenha a ver com a outra. Nessa direção é pautada a visão do administrador como estadista justo. Sob essa perspectiva se dá a consciência da riqueza que terá uma medida global, coletiva, ainda que em detrimento do indivíduo e do cuidado genuíno com o meio ambiente. A consciência dessa interconexão pode nos dar uma consciência maior de nosso papel no mundo. Com isso, conquistaremos serenidade e perceberemos o sentido da vida em nosso cotidiano. O acolhimento expandido e a revisão da noção de bem-estar também são consequências dessa visão explicitada pelos executivos, empreendedores e pensadores. O que significaria estender o cuidado por si, pelo outro, pelos profissionais da saúde e pela morte em nosso percurso de vida.

A qualidade das relações humanas é o foco, a técnica e a tecnologia são avaliadas a partir dela. Entre os executivos e empresários entrevistados neste estudo, aparece a importância do vínculo no sentido de honrar o outro, como também demonstrar respeito, reconhecimento, compartilhamento saudável de diferenças, experiências e aprendizados conjuntos. A possibilidade de potencializar e melhorar esse vínculo, segundo projetam os líderes empresariais, ocorreria via instituições sem fins lucrativos, mantidas por doações de terceiros ou por pessoas comprometidas com a disseminação desses conhecimentos, fruto da articulação da sociedade e da boa fé das pessoas. Fala-se dos bons tratos com as crianças, da escuta respeitosa e do cumprimento das promessas, além da coerência. A escuta ganha destaque à medida que deve ter uma qualidade tal que compreenda as necessidades do outro, a fim de incluí-lo no negócio e atender a sua necessidade não de forma incondicional, mas levando em conta a vida e as relações no conjunto.

Há também uma percepção, pelas empresas, da nocividade dos maus tratos, que pode ser multiplicada e retornar para elas mesmas, em um efeito bumerangue, além de instaurar a poluição social. Às empresas cabe uma integração maior com o social, ou seja, não basta ir à comunidade, mas trabalhar o social dentro do próprio ambiente corporativo por meio do crescimento dos funcionários pertencentes, ou não, à comunidade. Essa seria a responsabilidade social com visão totalizadora.

Dessa maneira, tanto a comunidade fora da empresa, como funcionários e voluntários operariam com valores semelhantes, fortalecendo tanto os indivíduos quanto os grupos. Fala-se aqui em um diálogo genuíno, com foco no vínculo, com qualidade e sentido, que permita parcerias e inclua a sensibilidade dos envolvidos no processo.

Atitudes concretas com educação e inclusão

Há, entre os entrevistados, uma reforçada ênfase na convivência coletiva pautada no conjunto, que é permeado por dança e arte, favorecendo a alegria de viver que entendemos estar relacionada à noção de espaço público, articulando, de maneira intencional, diferentes agentes com a finalidade de expandir a inclusão. Essa proposta favorece encontros enriquecidos pela diversidade em todos os sentidos, significa ser mais inclusivo dentro da própria empresa e não aparentemente defensor de excluídos no ambiente externo sem admitir os funcionários no próprio espaço organizacional.

Fala-se não apenas da inclusão digital, mas da inclusão do Ser, do cidadão pleno, consciente de seus direitos, deveres e podendo participar livremente do conhecimento. Além da solidariedade, do acolhimento e da informação que se articulam à alfabetização como aspectos concretos de um mundo sustentável, está o conhecimento superando barreiras sociais e culturais.

A educação é enfocada por diversos sujeitos da pesquisa, sob diferentes ângulos. De maneira abrangente, a ênfase recai na consciência do todo e, a partir daí, há um outro tipo de atitude perante a vida, reconhecida como a teia onde todos nos entrelaçamos. Esse tema emerge desde "a banalização da educação", na atualidade, e a necessidade de desenvolvimento de outro tipo de raciocínio que desconstrua a linearidade vigente, até a ênfase na educação e na consciência da cidadania, incluindo adultos e crianças, ou reconhecendo aspectos construtivos e saudáveis presentes no cotidiano, até a formação que integra a comunidade e que inclui ética, gratidão, valores e proatividade.

No futuro imaginado pelos empresários, empreendedores sociais e pensadores, a educação pública é universal, de excelente qualidade, não havendo necessidade de educação privada. O serviço público atende com qualidade e nas mais diversas áreas, e em especial na saúde e na educação. Há cidadania, educação, maior tolerância entre os povos, respeito às diferenças e bem-estar.

A consciência de si e os negócios com alma

A intuição é abordada por dois dos executivos, no sentido de antever um jogo, desvendar questões via coração. Esse sexto sentido, veloz, reflete descobertas que estão em nós e parece convergir com a conscientização de nossos próprios processos. De maneira geral, o mundo futuro é adjetivado como sendo mais intuitivo, o que terá consequências na maneira de se conceber o lucro. A transcendência é vista, nesse futuro dos sonhos, como um diferencial necessário; a sacralidade da vida, bem como honrar o outro, são fatores apontados e complementares. Sob esse prisma, há uma revisão do significado de "negócio" incluindo a alma – do negócio –, concebendo-o como encontro que possibilita vida e não exclusivamente o aspecto econômico.

Por fim, dizem os entrevistados, haverá privilégio do diálogo, do encontro consigo próprio, e com o outro, a violência decrescerá e haverá oportunidade para todos no futuro. Será necessário criar uma nova visão de lucro, pois os negócios socialmente responsáveis têm por objetivo minorar o sofrimento, a dor e aumentar a qualidade da vida; a prioridade será o bem-estar de todos, dentro e fora da empresa, incluindo o ecossistema onde a organização está instalada. A rentabilidade econômica, dizem, será uma decorrência. Se o elemento humano é o centro do negócio, não há mais necessidade de ONGs.

Nesse futuro imaginado, usando as palavras dos entrevistados, "os homens de negócios terão atingido o seu grande destino" se perceberem que uma parte do que fazem deve contribuir, de alguma maneira, "para favorecer a melhor qualidade da educação". Educação entendida como a forma do ser humano desenvolver suas potencialidades e sonhos, pois "nada faz sentido se não se levar em conta que o mundo, antes de ser dos negócios, é do ser humano", explica um dos entrevistados.

Sendo o mundo dos negócios um polo transformador de realidade, há perspectiva de uma visão de renda mais igualitária, com ética, onde os benefícios do conjunto estão acima dos indivíduos. Espera-se que a expansão de ideias inovadoras ocorra por meio de instituições sem fins lucrativos, que funcionem independentemente da estrutura governamental, com doações de terceiros e foco localizado em comunidades. Há um desejo expresso de que as empresas não cresçam sozinhas; que a concorrência permaneça, pois é importante para o crescimento, desde que seja leal; que as relações sejam autossustentáveis; que a sociedade civil seja mais fortalecida e exerça controle sobre o governo e o Estado. Enfim, espera-se a convergência entre empresa e sociedade civil e que o Estado cumpra suas funções.

No futuro imaginado pelos segmentos entrevistados, empresas e organizações ampliam o sentido de responsabilidade social para dentro e fora delas mesmas, bem como para o ecossistema. A sociedade, com maior sentido de justiça, distribui igualmente suas riquezas, há aumento de impostos e uma escolha mais acertada de líderes. As pessoas se valorizam, as empresas propiciam pares humanos e um novo conceito de organização social emerge, não havendo necessidade de organizações não-governamentais para promover bem-estar social.

Longo prazo, a arte de cultivar oliveiras

Embora a percepção seja de que nosso país parece não incluir o pensamento de longo prazo em suas decisões estratégicas, como imagem de futuro há ênfase no médio e longo prazo, ligada à sustentabilidade e à valorização das pessoas com aprofundamento de vínculos de qualidade e com tempo para que essas relações se desenvolvam. O aprimoramento da educação dos funcionários seria um importante primeiro passo para a melhoria da qualidade humana. Enfim, os negócios necessitam considerar e refletir o bem comum, dizem executivos, empreendedores sociais e pensadores. Algo como investir hoje para colher amanhã.

As estratégias praticadas na direção da concepção do futuro desejado ocorrem na maioria dos relatos dos 28 entrevistados, ainda que no segmento de executivos e líderes empresariais encontremos ações que são mais voltadas para o cotidiano e para a sobrevivência. Significa uma postura pragmática, sem tantos sonhos, sem apelo aos "chamados internos". Aparentemente, não existem estratégias em uma única direção. Estão pulverizadas e poderia haver uma política pública que as integrasse em um projeto comum.

Há pontos relevantes para compreender a educação proposta, pois há unanimidade no que se refere à prioridade de cuidar do meio ambiente. O que ressaltaríamos para essa ação no conjunto seriam "integração e cooperação", vistas como segredos de ouro articulados à preservação e ao sentido de pertença, de identidade de sujeitos e grupos; criação de espaços públicos inclusivos de maneira intencional e articulada por vários agentes; saber escutar para compreender as necessidades da comunidade e não apenas propor projetos pensados *a priori*, considerando somente a visibilidade do negócio que patrocina o projeto; o trabalho de grupo e as novas abordagens coletivas para assimilar as novas metáforas que estão chegando; a importância do autoconhecimento e da paz interior; a educação como forma de crescimento do sonho e do potencial humano; a inserção mais precoce no mundo dos negócios como possibilidade de conhecimento e opção de escolha (e não de exploração); o compreender as armadilhas do sistema atual, pois a ilusão de auge ou sucesso pode impedir o discernimento do que é qualitativo daquilo que é apenas quantitativo. Acima de tudo, é preciso saber construir, mas saber deixar aquilo que se construiu para os demais.

Outro ponto essencial considerado pelos personagens pesquisados é a necessidade de preparar o jovem não só para o mercado de trabalho, mas também para um mundo sustentável com valores que incluam a revisão de bem-estar e lucro, que não pode ser somente uma medida de sucesso, mas de vida, levando em conta ética, contexto social e ambiental. Destaque para o papel e as atitudes da liderança, rejuvenescida por novos valores, pela generosidade e pela busca de maior qualidade interior.

Fechando as cortinas

Para responder à questão sobre o que existe em comum entre todos os entrevistados (e os segmentos que eles representam), retomarmos alguns pontos de extrema importância:

1. A memória dos sistemas sociais

Os sistemas sociais, em sua história, parecem ter experiências de efetividade, criatividade, justiça e responsabilidade social que nem sempre são, devidamente, apropriadas por seus protagonistas. Os grupos sociais possuem algo de positivo em seu percurso que pode ser revisitado ou explorado, novamente, por aqueles que o viveram como algo marcante e benéfico para si mesmos, para seu grupo, para sua empresa ou para seu empreendimento, contribuindo assim para a qualidade de vida no trabalho dos envolvidos.

2. O que se buscava

Indagamos aos sujeitos entrevistados **se:**

a. protagonizavam suas visões de futuro;

b. possuíam aspectos em comum dessas visões, referentes ao futuro e ao futuro nos negócios, e quais eram;

c. utilizavam estratégias para concretizar essas visões comuns, percebidas como positivas;

d. podiam contribuir para o desenvolvimento de uma relação cooperativa entre negócios e sociedade e de que maneira?

Todas as questões convergiram no sentido de identificar, na história dessas pessoas, o que foi selecionado como mais importante, os sonhos, os feitos, as dificuldades e as soluções encontradas para realizar sua visão de futuro, tanto de uma maneira geral, quanto no futuro dos negócios, assim como as estratégias já adotadas ou pensadas para essas transformações imaginadas.

Para concluir, se o mundo é primeiro para o ser humano e depois para os negócios nos parece que, segundo os nossos sujeitos, a qualidade de vida emerge como um valor. Assim, podemos encerrar com algumas perguntas:

"A saúde é um negócio?"

"Quais os valores essenciais da humanidade?"

Acrescentaríamos:

"A saúde é um negócio a favor da vida?

O quê, de fato, é essencial a essa vida para que ela se expanda? O que precisa crescer em nosso mundo que fará crescer, também, a qualidade de vida em nosso país e no planeta?"

E tomando a metáfora enunciada por uma das entrevistadas sobre o aleitamento materno: "O que precisa ser 'aleitado', nutrido pela economia e pelas ciências do ser humano para tornar os negócios a serviço da humanidade?"

ANEXO I:
Protocolo de Entrevista

Para começar a entrevista, eu gostaria de ler uma declaração e depois pedir para você responder a algumas perguntas.

Negócios como agentes para o benefício do mundo é uma pesquisa que investiga as forças humanas da liderança positiva dos negócios, na intersecção das organizações e da sociedade – e se focaliza inteiramente nas visões de esperança para o futuro e nas práticas promissoras do mundo atual.

Os negócios têm a oportunidade de ser uma força criativa e propulsora para o bem. A mesma inventividade e espírito empreendedor usados historicamente para criar riqueza podem e estão sendo aplicados a assuntos mundiais e agendas de mudança. Por meio de entrevistas como esta, nós podemos elevar a contribuição dos negócios para a sociedade, procurando líderes de mudança, suas histórias e suas teorias sobre mudança positiva – onde os negócios estão servindo como agentes de benefício local, regional e mundial.

Comecemos com algumas coisas a seu respeito e sobre seu trabalho... E um senso maior de propósito.

1. O que você faz agora, e o que mais o atraiu para o seu trabalho atual – o que você acha mais significativo, valioso, desafiador ou animador?

2. Podemos dizer que uma tarefa básica na vida é, para cada um de nós, descobrir e definir nosso propósito de vida... Olhando para trás, para os momentos importantes da sua vida, você poderia compartilhar uma história

de um momento ou um marco, quando emergiu para você claramente o seu propósito de vida?

3. Por exemplo, uma experiência ou evento importante, ou o presente de um mentor ou professor especial, ou talvez oportunidades inesperadas ou grandes desafios que enfrentou?

A revista *The Economist*, edição europeia, chamou o dia 11 de setembro de 2001 de "o dia em que o mundo mudou". Muitas pessoas atestam que o terror e a tragédia – que tirou a vida de pessoas de mais de 80 países – fez com que elas refletissem. Muitas pessoas estão recalibrando seus sentimentos a respeito de trabalho e vida, sobre comunidade e mundo, negócios e família. Todos nós, de alguma forma, nos perguntamos o que de bom – quais novas compreensões, energias e perspectivas – emergirão deste momento. Certamente há muitas respostas, muitas das quais ainda não são visíveis.

Então, minha pergunta:

4. Se você pudesse escolher uma aprendizagem, uma mudança positiva, ou uma grande esperança que você mais gostaria de ver realizada para o mundo, qual seria?

Nós já participamos de várias iniciativas, pequenas ou grandes, onde nos juntamos a outros para criar mudança positiva – quer dizer, mudança que torna ideias e sonhos de um mundo melhor em realidade.

Revisando rapidamente as muitas iniciativas de mudança das quais participou, você certamente vivenciou muitos pontos altos e baixos, picos e vales, bons e maus momentos. Agora gostaria que você refletisse sobre um momento ou iniciativa que se sobressaiu como um ponto alto, um momento em que você se sentiu engajado com algo significativo, que você se sentiu efetivo, vivo e desafiado.

5. Por favor, compartilhe a história... O que aconteceu? Quando? Onde? Como foi a experiência? O que sentiu? O que percebeu e aprendeu a respeito da mudança?

6. Indo além dessa história, imagine que conversamos com pessoas que conhecem você muito bem e pedimos para que elas compartilhem quais são as três maiores qualidades que elas veem em você, qualidades e capacidades que você traz para a liderança da mudança – o que elas iriam dizer?

7. No seu processo de aprimoramento pessoal, na sua busca de aperfeiçoamento como líder, você gostaria de compartilhar comigo as formas que utiliza para se inspirar? Quais são as práticas pessoais e espirituais de desenvolvimento mais efetivas que você adotou?

Vamos imaginar que esta noite, depois deste encontro, você dorme profundamente e quando acorda, está dez anos à frente, no futuro. Uma década se passou e, enquanto você dormia, muitas pequenas e grandes mudanças ocorreram – alguns milagres aconteceram. O mundo mudou e está constituído da maneira como você mais gostaria de vê-lo – para você mesmo, para as crianças, a natureza, a economia, as comunidades e as pessoas de todo o mundo.

8. Agora você acordou. Você caminha por este mundo e tem uma visão panorâmica. Você está feliz com o que vê. É o tipo de mundo do qual você mais quer fazer parte. Então, agora, compartilhe o que chama atenção no que você vê: O que você vê acontecendo, o que há de novo, melhor, saudável e bom na sociedade, na educação, na saúde, na política, nas pessoas, na natureza, na tecnologia, na economia, nas artes, no espírito e na comunidade? Qual é a sua visão de um mundo melhor? Detalhe...

9. Agora, mais especificamente, qual é a sua visão sobre "negócios como agentes para o benefício do mundo"? Visualize as organizações do futuro. Como elas são? Quais são os seus objetivos? Por exemplo, como elas criam riqueza? Descreva a forma como elas atuam para servir em benefício do mundo... Você pode perceber que inovações ou oportunidades elas estão criando no momento?

10. Quando você pensa na sua visão, você provavelmente já conhece organizações – sua própria ou outras – que são pioneiras na forma de serem agentes em benefício do mundo. Organizações que estão criando práticas que nutrem o espírito humano, que são bem-sucedidas econômica e ecologicamente, ou que estão servindo como catalisadores para melhoria da sociedade. Você poderia compartilhar uma história sobre uma verdadeira "inovação de ouro" que você vê emergindo em algum lugar – uma organização, uma área de negócios como um todo ou simplesmente uma iniciativa que demonstre que nós estamos construindo capacidades que nos movem em direção à sua visão?

Questões opcionais:

Como essa inovação começou?

Quem estava envolvido – Quais *stakeholders* (partes interessadas)? Em que níveis? Como eles se envolveram?

– No que ela se transformou?

O médico Jonas Salk fazia para as pessoas perguntas simples, mas poderosas. Nenhuma delas era sobre doença. Na visão de Salk, saúde não era simplesmente ausência de doença. Ele queria que as pessoas descobrissem, através de um estudo sistemático e de consciência positiva, aquelas coisas que elas faziam e que as tornavam saudáveis. A grande esperança de Salk era descobrir o meio e os métodos para criar uma "epidemia de saúde". Ele percebeu, através do poder da pergunta, e da sabedoria que as pessoas demonstravam em suas respostas, que nenhuma ação, nenhuma conversa, nenhum pensamento era pequeno demais – de fato, a maior parte das grandes descobertas teve pequenos começos, mas que repercutiam, e com intenção positiva podiam resultar em mudança positiva.

11. Se qualquer coisa pudesse ser imaginada, qual é o menor passo que você, como agente da área de negócios, pode dar para iniciar uma epidemia de mudança positiva em benefício do mundo?

12. Agora, considerando um passo importante, existe alguma coisa neste sentido que talvez não tenha ainda sido pensada? Você teria algumas ideias?

Como conclusão: Simplesmente agradeça, aperte a mão do seu parceiro de entrevista e encontre uma forma simples de expressar sua emocionante experiência ou de agradecer pela conversa!

Anexo II:
Investigação Apreciativa
por Darlene Menconi

O contexto histórico

Em julho de 2000, executivos das maiores empresas do mundo, representantes de instituições acadêmicas, entidades sociais e trabalhistas de cem países reuniram-se com Kofi Annan, então secretário-geral da Organização das Nações Unidas, na sede da ONU, em Nova York, para criar o Pacto Global (*Global Compact*). O acordo propunha à comunidade empresarial internacional abraçar, apoiar e disseminar, em seu raio de influência e em suas práticas de negócios, dez princípios universalmente aceitos nas áreas de direitos humanos, legislação trabalhista, meio ambiente e combate à corrupção.

De adesão voluntária, esse conjunto de compromissos foi o embrião de uma cooperação com o objetivo de criar ações e orientações efetivas para os negócios enfrentarem os desafios trazidos pela globalização da economia. O documento resultante da conferência apontou que a interdependência do mundo atual requer novas abordagens, com a criação de uma economia mais inclusiva e sustentável. Conceitos relacionados com responsabilidade social corporativa e sustentabilidade passaram a ser reconhecidos como elementos vitais na condução dos negócios. Neste contexto, tornou-se essencial entender as conexões existentes entre organizações, meio ambiente e sociedade. O papel das empresas também ficou mais complexo e o exercício das suas responsabilidades como força global, ainda mais urgente.

Em outubro de 2001, um mês após os atentados terroristas que derrubaram as torres gêmeas do World Trade Center, no coração financeiro dos Estados Unidos, surgiu o movimento batizado de Empresas como Agente de Benefício para o Mundo, Business as an Agent of World Benefit (BAWB, na sigla em inglês). Seu objetivo: repensar o papel dos negócios enquanto protagonistas para o bem-estar e o desenvolvimento sustentável das comunidades nas quais se inserem. O BAWB nasce propondo uma profunda revisão na educação superior de gestão de negócios, visando o desenvolvimento com progresso social e respeito à natureza. No Brasil, o movimento chegou em 2003, por iniciativa do Sistema de Federação das Indústrias do Estado do Paraná (FIEP).

Em 2004, quatro anos após o lançamento do Pacto Global, quinhentos presidentes e líderes empresariais do mundo aceitaram novo convite de Kofi Annan para formular o plano de desenvolvimento e definir as estratégias para nortear as empresas na implantação dos princípios do Pacto Global. Este encontro de quatro dias, organizado por David Cooperrider, da Case Western Reserve University, reuniu centenas de executivos, professores de administração, gestores responsáveis pela elaboração de políticas públicas, líderes sociais e estudantes de todo o mundo. A meta dessa reunião foi alinhar teoria e prática, apontando a sustentabilidade como grande oportunidade de negócios do século XXI.

As duas ideias fundiram-se em 2006, quando a *Academy of Management*, que congrega 19 mil professores de Administração de 90 países, o Pacto Global das Nações Unidas, reunindo empresas comprometidas com a causa da responsabilidade socio-ambiental, e a Weatherhead School of Management da Case Western Reserve, onde foi concebida a metodologia de desenvolvimento organizacional Investigação Apreciativa, realizaram o primeiro BAWB – *Global Forum*, na cidade americana de Cleveland, em Ohio. Na ocasião, quatrocentas lideranças empresariais e acadêmicas de 40 países chegaram ao consenso de que era preciso repensar a formação acadêmica dos futuros executivos e fortalecer as relações entre o mundo empresarial e o acadêmico.

Uma das propostas do encontro foi a regionalização do movimento. Como desdobramento do BAWB, o *Global Forum* na América Latina (GFAL) foi realizado em Curitiba em junho de 2008, organizado pela Universidade da Indústria (Unindus) – braço de educação corporativa da FIEP – em parceria com o Centro de Estudos em Sustentabilidade (CES), da Escola de Administração de Empresas de São Paulo da Fundação Getúlio Vargas (FGV), e com a Case Western Reserve, de Cleveland. Participantes de 14 Estados brasileiros e de 6 países se dedicaram a analisar a forma como os futuros líderes e gestores estão sendo educados, revendo diretrizes, processos, cursos, disciplinas e metodologias.

A primeira edição latino-americana do BAWB – Global Fórum se converteu em uma reflexão compartilhada quanto às formas de proporcionar aos estudantes das áreas de gestão e negócios da América Latina valores e instrumentos que os tornem aptos a agir de acordo com os requisitos da sustentabilidade. A partir daí, o Brasil passou a liderar a difusão do BAWB na América Latina, com a realização de conferências internacionais nas quais empresários, executivos, representantes da academia, do poder público e da sociedade civil dialogaram em torno de propostas relacionadas ao conjunto educação, negócios, sociedade e sustentabilidade.

A metodologia

Investigação Apreciativa ou AI, na sigla em inglês, de *Appreciative Inquiry*, é uma metodologia de desenvolvimento organizacional concebida pelo professor doutor David Cooperrider, da Universidade de Western Case Reserve. Sua premissa é a abordagem apreciativa da organização e pode ser definida como uma visão positiva para a gestão de mudanças. A metodologia é um instrumento de transformação organizacional que focaliza a aprendizagem a partir do sucesso, que faz florescer o potencial criativo das possibilidades. Permite construir conhecimento em grupo a partir do que há de melhor nas pessoas, por meio de uma reflexão coletiva inspirada pela cooperação em favor de um objetivo comum. O método se baseia na crença de que a realidade futura é aberta às influências provocadas pelo pensamento. Ou seja, a imaginação positiva de futuro, em base coletiva, pode ser uma atividade significativa para realizar esse futuro positivo.

No Brasil, esse método de desenvolvimento organizacional foi aplicado de forma pioneira na empresa de alimentos Nutrimental, com sede na região metropolitana de Curitiba, Paraná. Os resultados foram além do crescimento pessoal dos envolvidos e da capacitação organizacional: houve 30% de crescimento nas vendas e 200% nos lucros. O processo de transformação organizacional permanente, baseado em aprendizagem através do diálogo, envolveu 700 pessoas, desde o office boy até o acionista.

O método de Investigação Apreciativa pressupõe que a organização é uma solução a ser adotada, não um problema. As fases do seu processo, chamado de o "ciclo dos 4D's", são as seguintes:

1° Passo: **Discovery** – Descoberta

"O que dá vida"

Mobilização e engajamento. Apreciar o que há de melhor e descobrir o que é positivamente extraordinário, os sucessos, as melhores práticas, os momentos mais vitais e cheios de vida da organização. Por meio de conversação e diálogo envolvendo todos os interessados, a apreciação individual se transforma em apreciação coletiva. O foco é levantar fatores e forças que possibilitaram a existência destes momentos.

2° Passo: **Dream** – Sonho

"O que poderia ser"

Depois que o melhor do "que é" foi identificado, novas possibilidades são visualizadas. Passa-se a criar o "que pode ser", uma imagem positiva de um futuro desejado e preferido. Nessa fase usam-se as histórias de sucesso levantadas na Descoberta para identificar os temas-chave que alimentarão a nova visão que está em formação.

3° Passo: **Design** – Desenho

"O que seria o ideal"

O propósito do Desenho Organizacional é dar forma à expressão dos valores e da criatividade e possibilitar a realização das aspirações. Esse desenho será a manifestação dos valores na forma de estrutura, sistemas, estratégias, relacionamentos, papéis, políticas, procedimentos, produtos e serviços. Como resultado, desenho organizacional implica em escolha. É o momento de "aterrissar" o sonho na realidade.

4° Passo: **Destiny** – Destino

"Como capacitar, aprender e improvisar"

Sustentando o sonho a longo prazo. Como apoiar a implantação autônoma dos sonhos e dos desenhos criados? Quais serão os parâmetros de ação e medição de resultados? É a fase em que as imagens de futuro são sustentadas e planejadas, que um tipo de aprendizado contínuo, ajustamento e improviso, tudo a serviço dos ideais compartilhados. É o momento de construir o "olhar apreciativo" na organização em todos os seus sistemas, procedimentos e métodos de trabalho.

A arte de cultivar

Contos de fadas têm a particularidade de invadir terrenos psíquicos selados, remexer cicatrizes e oxigenar nosso universo interior. A partir de uma história, é possível acessar a terra dos sonhos, abrindo portas antes invisíveis, e vencer as dificuldades (representadas por bruxas, dragões ou monstros).

Se a cada um de nós fosse dado o dom de realizar sonhos e a invencibilidade para enfrentar vilões (internos e externos), como seria o mundo?

Essa foi a pergunta feita pelo austríaco Peter Drucker, o pai da administração moderna, a David Cooperrider, criador da Investigação Apreciativa, metodologia que evoca em cada pessoa sua força, sua coragem de realização. Estariam as organizações preparadas para viverem o melhor?

Nas páginas desta obra estão os relatos de Executivos, Empreendedores e Pensadores sobre suas estratégias em direção aos seus sonhos..., aos nossos sonhos!

Que as histórias desses personagens reais inspirem o leitor a desvelar seu tesouro interno, assim como as sementes mágicas da romã no conto da princesa que abandonou o conforto do palácio para viver o amor verdadeiro.

As três romãs[95]

Era uma princesa que sabia muito bem o que queria. Ela passava as tardes na janela do seu quarto, num palácio de paredes de prata, que ficava num vale, onde havia um lago, que refletia a luz do sol. Como todas as princesas de verdade, era bela. No seu rosto ela reunia a beleza de todas as mulheres do mundo, e no seu canto havia a melodia sequer sonhada pelos corações mais apaixonados. Ela sabia esperar. Príncipes valorosos de todas as partes do mundo viajaram muitas léguas para pedir sua mão em casamento, ajoelharam-se diante dela, prometeram-lhe as riquezas do céu e dos mares. Ela mal escutava suas palavras exaltadas. Esperando outra voz, vinda de um outro lugar, ela os despedia, distraída.

Um dia, preocupado com tantas recusas, o rei – seu pai – a chamou e ordenou-lhe que escolhesse logo um marido, de acordo com o costume.

– O que deve ser, meu pai – respondeu a princesa –, nem sempre acontece. Eu já escolhi o homem com quem poderei me casar, de acordo com minha vontade. Só não sei bem se está de acordo com sua.

Dizendo isso, a princesa levou o rei até a janela do seu quarto, de onde ela costumava ver todos os dias o mercado lá embaixo, com seus artesãos e mercadorias de todas as cores.

---

[95] MACHADO, Regina. "O violino cigano – e outros contos de mulheres sábias". Companhias das Letras, p. 53.

— Está vendo aquele homem sentado trançando um cesto, no meio das palhas, embaixo daquela tenda verde? — ela perguntou, apontando na direção de um canto da praça.

O rei procurou com os olhos e acabou encontrando um homem alto, com a pele queimada de sol, mãos grandes e calejadas de trabalhador, roupas gastas e aspecto rude. Ele não podia acreditar que sua filha preferisse um simples cesteiro em lugar de tantos nobres que a tinham cortejado.

— Senhor meu pai, saiba que é com esse homem que quero me casar e com nenhum outro.

O rei tentou dissuadi-la, mas foi em vão. Vendo que a princesa estava firme em sua decisão, ele disse finalmente:

— Já que é assim, não vou impedir esse casamento insensato. Mas nunca mais você poderá voltar a este palácio.

A princesa olhou o rei pela última vez, desceu as imensas escadarias do palácio, atravessou os jardins e saiu pelo portão fortificado, deixando para sempre o lugar onde tinha passado toda sua vida. Quando chegou lá embaixo no mercado, caminhou até a tenda do cesteiro, que se chamava Gambar.

A conversa que se passou entre eles foi muito curta, espantosamente simples.

O cesteiro ficou espantando ao ver a princesa diante dele, sorrindo.

— Vejo-a todos os dias na janela — ele disse —, mas jamais imaginei que fosse tão bela. Por favor, diga o que quer comprar e depois vá logo embora, porque a memória do breve instante da sua presença guiará os meus dias daqui para frente.

— Gambar — respondeu a princesa —, eu não quero comprar nada, vim até aqui para pedir que se case comigo.

— Mas eu não tenho nada para abrigá-la além da minha pequena casa de taipa — disse Gambar, com alegria por dentro da voz.

— Você sabe que eu quero apenas abrigo no seu coração, Gambar. O resto, a gente resolve de algum jeito, você não acha?

Nenhum dos dois disse mais nada. O certo é que desse dia em diante a princesa começou uma nova vida na pequena casa de taipa, ao lado do cesteiro Gambar. E viviam muito felizes, até que um dia, enquanto conversavam, antes de dormir, a princesa disse:

— Gambar, você trabalha muito e não recebe o quanto merece pelo seu esforço. Veja suas mãos cheias de calos, a fadiga que se apodera de seu corpo todos os dias. E o que você ganha com isso? Muito pouco, não vale a pena tanto sacrifício. Por que não procura outro trabalho menos cansativo e mais rendoso?

No dia seguinte, enquanto pensava nas palavras da princesa, Gambar encontrou um mercador na praça. O homem viajava pelo mundo com seus animais carregados de mercadorias preciosas e estava procurando um acompanhante para ajudá-lo nas obrigações de todos os dias. Gambar lhe pareceu a pessoa ideal, com seu jeito quieto e confiável, seu sorriso franco e sua disposição para trabalhar. Os dois se entenderam perfeitamente e combinaram seguir viagem na manhã seguinte.

Quando chegou em casa, Gambar abraçou a princesa e contou-lhe a novidade.

— Seguindo seu conselho — ele disse —, eu encontrei um trabalho melhor. Vou ganhar muito mais dinheiro, mas para isso terei que me ausentar por um longo tempo, ainda que me custe muito separar-me de você.

— Mesmo sabendo que vou sentir sua falta a cada minuto — ela respondeu —, não precisa se preocupar. Eu saberei esperá-lo pensando no dia da sua volta.

Eles foram para a cama e passaram sua última noite juntos antes da partida de Gambar. Amaram-se sem pressa, trocando segredos. Despediram-se quando amanheceu o dia, e Gambar tomou o caminho do mundo, na grande caravana do mercador.

Durante muito tempo viajaram por cidades desconhecidas, florestas, rios e montanhas, até que um dia chegaram a um deserto escaldante. Depois de muito procurarem, encontraram um poço e pararam para descansar.

Enquanto isso, lá na aldeia de Gambar, a princesa deu à luz uma criança. Embalando o filho nos braços, ela cantava doces cantigas dos seus antepassados e tentava imaginar onde estaria Gambar naquele momento, sem saber do filho que acabava de nascer.

Lá no deserto, Gambar entrou no poço com uma corda atada à cintura, para dar de beber aos animais da caravana. Ele mergulhava o balde na água e o estendia para o mercador, inúmeras vezes, até que todos tivessem bebido. Quando foi sair do poço, aconteceu uma coisa muito estranha. A corda soltou-se da sua cintura, como se mãos invisíveis a tivessem desatado, e ele caiu no fundo do poço. Foi caindo vertiginosamente, por um corredor escuro, cada vez mais para baixo, até que chegou a um lugar que parecia completamente seco, onde não se enxergava nada. Foi tateando pelo chão, encontrou uma parede e em seguida a maçaneta de uma porta. Assim que a abriu, viu-se em uma sala deslumbrante. O assoalho era de ouro, as paredes de lápis-lazúli, o teto incrustado de diamantes e pedras preciosas. Bem à sua frente estavam três jovens sentadas num banco, bordando um tapete com fios de todas as cores. Num canto da sala havia uma mesa, sobre a qual estava uma rã em cima de uma bandeja de prata. A rã não se mexia e olhava sem parar para um jovem que parecia um príncipe, sentado numa cadeira virada para ela, olhando-a fixamente.

— Jovem estrangeiro — disse uma das moças, interrompendo o espanto de Gambar diante daquela cena inusitada —, temos umas perguntas para lhe fazer. Quem, dentre nós, é a criatura mais desejável deste lugar? Por que este príncipe não tira os olhos desta rã? Por acaso ela é melhor e mais bela do que nós?

— Não existe ninguém melhor para um homem do que a mulher que ele ama — disse Gambar.

Nesse mesmo instante a rã caiu no chão, como que atingida por um raio. Sua pele se abriu e de dentro dela surgiu uma jovem tão deslumbrante que as outras três pareciam sombras esmaecidas diante dela. A jovem correu para o príncipe e eles ficaram um tempo abraçados, em silêncio. Depois o príncipe dirigiu-se a Gambar:

— Suas palavras desencantaram minha amada, que tinha sido transformada em rã por um feiticeiro que a desejava. Você merece uma recompensa, estrangeiro de alma franca.

Ele ordenou que uma das jovens fosse até a sala vizinha e ela voltou logo depois com três romãs, que entregou a Gambar. Recebendo com alegria o presente, mesmo sendo tão singelo, Gambar se despediu daquelas pessoas e saiu por onde havia entrado. Atou a corda à cintura e o mercador o puxou de volta à superfície. Contou ao mercador o que havia acontecido nas profundezas do poço, e a caravana retomou a viagem. No caminho cruzaram com um outro mercador, que voltava para a cidade de Gambar.

— Por favor, amigo — disse-lhe Gambar —, leve essas frutas para minha mulher, a princesa. Conte-lhe que penso nela o tempo todo e que logo voltarei para casa.

Assim que chegou à cidade o mercador procurou pela princesa e entregou-lhe as três romãs. Sabendo que era um presente de Gambar, ela ficou feliz e colocou as frutas sobre a mesa. Pegou uma faca e abriu uma delas. Seu espanto foi enorme: um brilho de finos raios de luz surgiu de dentro da romã e espalhou-se pela sala, iluminando-a toda. Em vez dos pequenos e suculentos gominhos vermelhos, havia lá dentro pérolas puríssimas, uma ao lado da outra. Ela partiu a segunda fruta, e lá estavam rubis e esmeraldas. Partiu a terceira e lá dentro encontrou valiosos diamantes.

Lá longe onde estava, Gambar não aguentou mais de tanta saudade da sua princesa. Despediu-se do mercador, recebeu o que lhe era devido por seu trabalho e tomou o caminho de volta para casa. Pareceu-lhe dessa vez um caminho mais longo, tal era seu desejo de rever a princesa. Finalmente ele avistou o campo de trigo que ficava nos arredores da sua cidade e passou por um grande rebanho de carneiros. Gambar perguntou ao pastor de quem eram aqueles carneiros.

— Senhor — ele respondeu respeitosamente —, estes carneiros pertencem a Gambar, o marido da princesa.

Gambar não entendeu a resposta e pensou que o homem devia estar fazendo alguma confusão. Sem dar muita importância ao assunto, já que tudo o que ele queria era encontrar a princesa, continuou pelo caminho, atravessou o rio que margeava a cidade e foi se aproximando alegremente da sua entrada. Encontrou muitas vacas pastando perto dos muros da cidade e perguntou a um homem que passava de quem eram aquelas vacas.

— Gambar, o marido da princesa, é o dono de todas elas — respondeu o homem.

Dessa vez Gambar se inquietou. O que estaria acontecendo com aquelas pessoas? "A mesma resposta sem sentido, duas vezes seguidas", ele pensou. Que explicação haveria para tamanha loucura?

Ele entrou na cidade e, ao virar uma esquina de onde acostumava ver sua pequena casa de taipa, parou estarrecido. A casa não estava mais lá. No seu lugar havia um imenso palácio de mármore e janelas de ouro, uma cúpula cor de esmeralda com arabescos de prata muito mais suntuosos do que o palácio real.

"O que fizeram com minha princesa?", ele pensou angustiado. "Para onde ela foi?"

Ele resolveu entrar no palácio para indagar se alguém saberia informar alguma coisa sobre sua mulher, e atravessou o pátio deserto com o coração apertado. Avistou uma porta fechada, feita de madeira finamente entalhada, e parou diante dela. Antes de bater, ouviu do outro lado uma doce voz de mulher que dizia baixinho:

— Meu filho, como você é parecido com seu pai.

— Quando é que ele volta — perguntou uma voz de menino pequeno. — Tenho muita vontade de conhecer o meu pai.

— Alguma coisa me diz que ele já passou pelo nosso campo de trigo, disse a mulher. — Que também já viu nossos carneiros, já atravessou o rio, encontrou todas as nossas vacas, já chegou ao nosso palácio e está atrás da porta, quer ver?

A princesa abriu a porta e seus olhos brilharam como o sol da manhã.

Guiado pelo fio invisível do amor de uma princesa que sempre soube o que queria, o cesteiro Gambar voltou para casa, são e salvo, transformado num outro homem, pai de um belo menino, depois de longa viagem.

Referências Bibliográficas

ALMEIDA, M. A. B. *Conflito e gestão da qualidade de vida nas organizações.* In: CARVALHO T. H. P. F; GONÇALVES, A.; GUTIERREZ, G. L.; VILARTA, R. (Org.). *Qualidade de Vida e Fadiga Institucional.* Campinas, SP: IPES Editorial, 2006.

AMORIM, Antonio. *Espiritualidade e trabalho.* Artigo de 28/07/ 2005. Disponível em http://www.abrhba.com.br/artigos.cfm?Artigo=86. Acesso em 12 abr. 2007.

AREIAS, Maria Elenice Quelho; COMANDULE, Alexandre Quelho. *Qualidade de vida, estresse no trabalho e Síndrome de Burnout.* In: VILARTA, Roberto. et al. *Qualidade de vida e fadiga institucional.* Campinas: IPES Editorial, 2006. p. 183-202

ASHLEY, Patricia Almeida (org). *Ética e responsabilidade social nos negócios.* São Paulo: Saraiva, 2005.

ASHLEY, Patricia Almeida. *Gestão ecocêntrica e consumo responsável: desafios para a responsabilidade social corporativa.* Fev. 2000. Disponível em <http://www.nd.edu/~isbee/papers/Ashley.doc >. Acesso em 12 abr.2007.

BARBIERI, José Carlos. *Gestão ambiental e empresarial: conceitos, modelos e instrumentos.* São Paulo: Saraiva, 2007.

————. José Carlos. *Desenvolvimento e meio ambiente: as estratégias de mudança da agenda 21.* Petrópolis, RJ: Vozes, 2005.

BARBOSA, Lívia. *Espiritualidade nas organizações: nova era e negócios.* Revista da ESPM, São Paulo, v.14, ano 13, p.80-85, jan./fev.2007.

BARRET, Frank; COOPERRIDER, David L. *Generative Metaphor Intervention: a new approach for working with systems divided by conflict and caught in defensive perception.* 10 jan 2001. Disponível em <http://www.stipes.com/aichap7.htm> Acesso 12 nov. 2007.

BARROS, Betania Tanure de. *O desafio de equilibrar resultados de negócios e qualidade de vida*. Caderno de ideias. Fundação Dom Cabral, ago.2003.

BERNARDINI, Maria Amália. *A melhor empresa: como as empresas de sucesso atraem e mantêm os que fazem a diferença*. Rio de Janeiro: Elsevier, 2003.

BOFF, Leonardo. *Saber cuidar*. Petrópolis, Vozes, 1999.

BOLEN, Jean S. *Os deuses e o homem: uma nova psicologia da vida e dos amores masculinos*. São Paulo: Paulus, 2002.

BONDER, Nilton. *O sagrado*. Rio de Janeiro: Rocco, 2002.

BLEGER, Jose. *Temas de psicologia: entrevista e grupos*. São Paulo: Martins Fontes, 1980.

BRANDALISE, Luis A. *A finalidade do lucro para as empresas de economia de comunhão*. 2003. 227f. Tese (Doutorado em Controladoria e Contabilidade) – Faculdade de Economia, Administração e Contabilidade, USP, São Paulo.

BRANDÃO, Junito de S. *Mitologia grega*. Petrópolis: Vozes, 1989, v.1.

———.(b). *Mitologia grega*. Petrópolis: Vozes, 1989, v.2.

———.(c). *Mitologia grega*. Petrópolis: Vozes, 1989, v.3.

BRENANN, Anne; BREWI, Janice. *Arquétipos junguianos: espiritualidade na meia idade*. São Paulo: Madras, 2004.

BRUNACCI, Attilio; PHIPPI JR., Arlindo. Dimensão humana do desenvolvimento sustentável. In: PHIPPI JR., Arlindo; PELICIONI, Maria Cecília Focesi, editores. *Educação ambiental e sustentabilidade*. Barueri, SP: Manole, 2005.

BUGARIN, Alexandre D. *Economia de comunhão: enfrentando a exclusão?* 2005. 104f. Dissertação (Mestrado em Engenharia Industrial). PUC-RIO.

BUSHE, A.; COOPERRIDER, D; WHITNEY, D. *Appreciative Inquiry*. Cleveland, OH, Berret-Kohler Communication, 2000.

CAMPBELL, Joseph. *O poder do mito*. São Paulo: Ed. Palas Athena, S/D.

———. *O voo do pássaro selvagem: ensaios sobre a universalidade dos mitos*. Rio de Janeiro: Record: Rosa dos Tempos, 1997.

———. *O herói de mil faces*. 9 ed. São Paulo: Cultrix/Pensamento, 2004.

CHEVALIER, Jean; GHEERBRANT, Alain. *Dicionário de símbolos (mitos, sonhos, costumes, gestos, formas, figuras, cores, números)*. 14 ed. Rio de Janeiro; José Olympio, 1999.

COHEN, David. *Deus ajuda?* Exame, São Paulo, v.2, ano 36, p.80-85, 23 jan. 2002.

COOPERRIDER, David. *Appreciative Inquiry Handbook: the first in a series of AI workbooks for leaders of change.* Ohio: Lakeshore Communications, 2003.

――――――. Peter Drucker's *Advice for Us on the New AI Project: Business as an Agent of World Benefit. Appreciative Inquiry Commons.* Disponível em < http://appreciativeinquiry.case.edu/intro/commentMar03.cfm> . Acesso em 10 dez 2008.

――――――; WHITNEY, Diana; SORENSEN JR, Peter; YAGER, Therese F. *Appreciative Inquiry: rethinking human organization toward a positive theory of change.* Illinois: Stipes Publishing L.L.C., 2000.

CORSO, Diana L.; CORSO, Mário. *Fadas no divã: Psicanálise nas histórias infantis.* Porto Alegre: Artmed, 2006.

DA COSTA, Maria Carolina. *A questão da deterioração da qualidade de vida no trabalho na visão dos 'bem-sucedidos'.* 2001. Dissertação (Mestrado em Administração)- Escola de Administração de Empresas de São Paulo da Fundação Getúlio Vargas, São Paulo.

DENZIN, Norman K.; LINCOLN, Yvonna S. *The sage handbook of qualitative research.* Thousand Hooks: Sage, 2005.

DIECKMANN.Hans – *Contos de Fadas Vividos.* São Paulo: Paulinas, 1986.

DIEL, Paul. *Le symbolisme dans la Mythologie Grecque.* Paris: Payot, 1966.

DEJOURS, Christophe. *A banalização da injustiça.* Rio de Janeiro: Editora Fundação Getúlio Vargas, 1999.

DOMINGUES, Ideli. *Técnica de grupo operativo: A observação ativa como prática criativa e o desenvolvimento da atitude psicológica.* São Paulo, 1994. 189 p. Dissertação (Mestrado) – Pontifícia Universidade Católica de São Paulo, São Paulo, 1994.

――――――; GAYOTTO, Maria Leonor C. *Liderança: aprenda a mudar em grupo.* Petrópolis: Vozes, 1985, 5. ed.

DONNE, John. *Sonetos de meditação.* Tradução de Afonso Félix de Souza. Rio de Janeiro : Philobiblion, 1985.

Drucker, P. F. (1991). *The new productivity challenge.* Harvard Business Review, 69 (6), 69-79.

ECONOMIA DE COMUNHÃO. <http://www.edc-online.org/br/_idea.htm>. Acesso em 24 mai 2006).

ECONOMIA DE COMUNHÃO. Disponível em <http://www.edc-online.org/br/polo_solidaridad.htm >. Acesso em 10 abr 2004.

ENTREVISTA com Gustavo Alberto Corrêa Pinto. Revista da ESPM, São Paulo, v. 14, ano 13, 1. ed., p. 12-25, Jan. Fev. 2007.

ESTÉS, Clarissa P. O dom da história: uma fábula sobre o que é suficiente. Rio de Janeiro: Rocco,1998.

──────. Mulheres que correm com os lobos: mitos e histórias do arquétipo da mulher selvagem. 3. ed. Rio de Janeiro: Rocco, 1994.

FERNANDES, Eda Conte. Qualidade de vida no trabalho. Salvador, BA: Casa da Qualidade, 1996.

FONSECA, Francisco César Pinto. Consenso Forjado: a grande imprensa e a formação da agenda ultraliberal no Brasil. São Paulo: Editora Hucitec, 2005.

FERRUCCI, Alberto. 1997. Economia de comunhão na liberdade. Disponível em < http://www.focolares.org.br/Page2edc.htm >. Acesso em 11 abr. 2007.

GAYOTTO, M.L.C. et al. Liderança II: aprenda a coordenar grupos. Petrópolis: Editora Vozes, 2003.

GIORDANO, Alessandra. Contar histórias: um recurso arteterapêutico de transformação e cura. São Paulo: Artes Médicas, 2007.

GOULART, Íris Barbosa.; SAMPAIO, Jáder dos Reis. Qualidade de vida no trabalho: uma análise da experiência de empresas brasileiras. In: SAMPAIO, Jáder dos Reis(org.). Qualidade de vida, saúde mental e psicologia social: estudos contemporâneos II. São Paulo: Casa do Psicólogo, 1999.

GRINBERG, Luis Paulo. Jung: o homem criativo. São Paulo:FTD, 1997.

GUTFRIEND, Celso. O terapeuta e o lobo: a utilização do conto na psicoterapia da criança. São Paulo: Casa do Psicólogo, 2003.

GUTIERREZ, G. L. Conflito e gestão da qualidade de vida nas organizações. In: CARVALHO T. H. P. F; GONÇALVES, A.; GUTIERREZ, G. L.; VILARTA, R. (Org.). Qualidade de Vida e Fadiga Institucional. Campinas, SP: IPES Editorial, 2006.

HAMMOND, Sue. The Thin Book of Appreciative Inquiry. Thin Book Publishing Company, 1998. Disponível em < http://appreciativeinquiry.case.edu/intro/definition.cfm>. Acesso em 18 jun 2003.

HENDERSON, Hazel . Além da globalização. Modelando uma economia global. São Paulo: Cultrix, 2006.

HELOANI, José Roberto. Gestão e organização no capitalismo globalizado: história da manipulação psicológica no mundo do trabalho. São Paulo: Atlas, 2003.

—————— Mudanças no mundo do trabalho e impactos na qualidade de vida do jornalista. Relatórios de Pesquisa NPP, n.12, 2003(b).

——————; DA COSTA, Maria Carolina, S. QVT: fatos, reflexões e novos horizontes. In (SIMPOI) V SIMPÓSIO DE ADMINISTRAÇÃO DA PRODUÇÃO. São Paulo: FGV/SP, 2003.

HUSE, Edgar; CUMMINGS, Thomas G. Organization development and change. St. Paul: West Publishing Company, 1985.

JAFFÉ, Aniela. O simbolismo nas artes plásticas. In: JUNG, Carl G. et all. O homem e seus símbolos. Rio de Janeiro: Nova Fronteira, 2002.

JAFFÉ, Aniela. C.G. Jung: Memórias, sonhos e reflexões. 16 ed. Rio de Janeiro: Ed. Nova Fronteira, 1994.

JARDIM, Silvia Rodrigues; SILVA FILHO, João F. da; RAMOS, Andréia. O diagnóstico de Burnout na atenção em saúde mental dos trabalhadores. In: ARAÚJO, Anísio; ALBERTO, Maria de Fátima; NEVES, Mary Y.; ATHAYDE, Milton. Cenários do trabalho: subjetividade, movimento e enigma. Rio de Janeiro: DP & A, 2004.

KAËS, René. Le malaise du monde. Modernité et expérience transitionnelle du groupe. Texto apresentado na conferência "Mal-estar do mundo moderno e a experiência transicional de grupo". Rio de Janeiro, 1986.

KAËS, René et al. Contes et divans. Médiation du conte dans la vie psychique. Paris: Dunod, 1996.

KHAWAN, Renér. As mil e uma noites. Trad. Rolando Roque da Silva. São Paulo : Brasiliense, 1991.

KOFMAN, Fredy. Metamanagement. O sucesso além do sucesso. São Paulo: Campus, 2004.

KURTZ, Renata G. M. Relacionamentos interpessoais e aprendizagem organizacional na economia de comunhão: o caso Femaq. 2005. 123 f. Dissertação (Mestrado em Administração de Empresas) PUC-RIO.

LIMONGI-FRANÇA, Ana Cristina. Qualidade de vida no trabalho. Conceitos e práticas nas empresas da sociedade pós-industrial. São Paulo: Atlas, 2003.

——————; OLIVEIRA, Patrícia M. Avaliação da gestão de qualidade de vida no trabalho. RAE-eletrônica, v. 4, n. 1, Art. 9, jan./jul. 2005. Disponível em <http://www.fgvsp.br/institucional/biblioteca/pe/raeeletronica/SP000386001.pdf> Acesso em 20 nov. 2007.

LEITÃO, Sérgio Proença; FORTUNATO, Graziela; FREITAS, Angilberto Sabino de. Revista de Administração Pública. Relacionamentos interpessoais e emoções nas organizações: uma visão biológica. Rio de Janeiro 40 (5), p. 883-907.Set./Out, 2006.

MACHADO, Regina. *O violino cigano e outros contos de mulheres sábias*. São Paulo: Companhia das Letras, 2004.

MARCONI, M. A.; LAKATOS, E. M. *Metodologia científica: ciência e conhecimento científico, métodos científicos, teoria, hipóteses e variáveis, metodologia jurídica*. São Paulo: Atlas, 2004.

MEISHU-SAMA. *Sobre a arte*. Apostila, 1949.

MENESES, Adélia Bezerra de. *Do poder da palavra: ensaios de literatura e psicanálise*. São Paulo: Duas cidades, 2004.

MERNISSI, Fátima. *Sonhos de transgressão. Minha vida de menina num harém*. São Paulo: Companhia das Letras, 1996.

Mesa-redonda sobre a espiritualidade nas empresas (2007).

MOGGI, Jair; BURKHARD, Daniel. *O espírito transformador: a essência das mudanças organizacionais do século XXI*. São Paulo: Editora Infinito, 2000. (Série espiritualidade no trabalho).

MOURA, Maristela. Revista Vencer, edição n.53. Disponível em <http://www.vencer.com.br/materia_completa.asp?codedition=53&pagenumber=4>. Acesso 30/04/2007.

MORAIS, Frederico. *Arte é o que eu e você chamamos arte?* São Paulo: Record, 1998.

NADLER, David A.; HACKMAN, J. Richard; LAWLWEIII, Edward E. *Comportamento organizacional*. Rio de Janeiro: Campus, 1985.

NAIDITCH, Suzana. *Deus e negócios*. Revista Exame, São Paulo, 25 jul. 2001, p.76-79.

OSTROWER, FAYGA. *Criatividade e processos de criação*. Petrópolis: Vozes, 1989.

PEARSON, Carol S. *O despertar do herói*. São Paulo: Pensamento, 1998.

PERDIGÃO, Andrea B. *Sobre o silêncio*. São Paulo: Ed Pulso, 2005.

PICHON-RIVIÈRE, Enrique. *O processo grupal*. São Paulo: Martins Fontes, 1991.

──────. *El processo creador*. Buenos Aires: Ediciones Nueva Visión, 1978.

PINTO, Luiz Fernando da Silva. *Gestão-Cidadã. Ações estratégicas para a participação social no Brasil*. Rio de Janeiro: Editora FGV, 2002.

PINTO, Mário Couto Soares; LEITÃO, Sérgio Proença. *Economia de Comunhão: empresas para um capitalismo transformado*. Rio de Janeiro: Editora FGV, 2006.

POCHMANN, Márcio; AMORIN, Ricardo (org.). *Atlas da exclusão social no Brasil*. São Paulo: Cortez Editora, 2003.

POLO SPARTACO. Disponível em <http://www.edc-online.org/br/polo_solidaridad.htm>. (Acesso em 10 abr 2004).

POLO SPARTACO. Disponível em <http://www.edc-online.org/br/polo_solidaridad.htm>. (Acesso em 10 abr 2007).

REVISTA DA ESPM. São Paulo: v. 14, ano 13, n. 1 JAN./FEV.2007.

RICHARDSON, Roberto J. *Pesquisa social: métodos e técnicas*. São Paulo: Atlas, 1999.

SELIGMAN, M.; CZIKSZENTMIHALYI; M. *Positive Psychologist: an introduction*. The American Psychologist: Special Issue in positive Psychology, vol.55 (1), jan 2000.

SILVEIRA, Natani Carolina. (2005). *Relações entre Responsabilidade Social e Economia de Comunhão: um estudo de caso com empresas do Polo Empresarial Spartaco*. Monografia. USP. Ribeirão Preto Disponível em < http://www.valoronline.com.br/ethos/pdf/2005/Relacoes_entre.pdf > Acesso em 10 abr 06.

SOARES, Giana M.P. (2004). *Responsabilidade social corporativa: por uma boa causa!?* RAE-eletronica, v.3, n.2, Art.23, jul/dez.2004. Acesso em 23 de abril de 2007 em http://www.rae.com.br/eletronica

SOARES, Vera L. *A escritura dos silêncios*. Assia Djebar e o discurso do colonizado no feminino. 1995. 273 f. Tese (Doutorado em História) - Universidade Federal Fluminense.

SRIVATSVA, Suresh; SAATCIOGLU, Argun. *An epilogue: an invitation to future dialogue*. In: COOPERRIDER, David; SRIVATSVA, Suresh. *Organizational wisdom and executive courage*. San Francisco: The New Lexicon Press, 1998.

————. COOPERRIDER, David L. *Appreciative management and leadership; the Power of positive thought and action in organiazations*. Euclid, OH: Williams Custom publishing, 1999.

SHRIVASTAVA, P. *Ecocentric management for a risk society*. Academy of Management Review, 20, 936-960, 1995.

SRIVASTVA, Suresh; COOPERRIDER, David. *Appreciative management and leadership: the power of positive thought and action in organizations*. Euclid, OH: Williams Custom Publishing, 1999.

SRIVASTVA, Suresh; SAATCIOGLU, *Organizational wisdom and executive courage*. San Francisco: The New Lexington Press, 1998.

TEIXEIRA DA COSTA, Roberto. *Reflexões Prospectivas sobre o Mercosul*. In: HUGUENEY FILHO, Clodoaldo; CARDIM, Carlos Henrique (org.). Grupo de reflexión prospectiva sobre el MERCOSUR. Brasília: FUNAG/IPRI/SGIE/BID, 2003.

―――――. PFEIFER, Alberto. *Relatório: política "sul-americana"*. In: MARCONINI, Mário (org.). *A política externa brasileira em perspectiva: segurança, comércio e relações bilaterais*. São Paulo: Lex Editora, 2006.

TOCHER, Michelle; SIMON, Anne. *Brave Work: A guide to the quest for meaning in work*. Otawa: The Canadian Career Development Foundation, Canada, 1998.

TRAVERS, Pamela L. *About the sleeping beauty*. New York: McGraw Hill, 1975.

WALTON, Richard. *Quality of work life: what is it?* Sloan management Review, Cambridge, 15 (1) 1973.

WILHEM, Richard. I Ching. *O livro das mutações*. São Paulo: Editora Pensamento, 2000.

VELOSO, Letícia Helena Medeiros. *Ética, valores e cultura: especificidade do conceito de responsabilidade social corporativa*. In: ASHLEY, Patrícia. (coord.). *Ética e responsabilidade nos negócios*. 2 ed. São Paulo: Saraiva, 2005.

ZOHAR, Danah; MARSHAL, Ian. *QS: Inteligência espiritual*. Rio de janeiro: Record, 2000.

Sobre a Autora

A trajetória da paulistana Ideli Lombardi Domingues foi composta por duas vias que margearam seu rio criativo: uma, como psicóloga social, voltada para a atividade profissional como pesquisadora, professora de Psicologia no curso de Administração de Empresas, coordenadora de grupos operativos, consultora, com publicações na área; outra, como contadora e escritora de histórias, arteterapeuta e artista.

Formada em Psicologia, mestre pela Pontifícia Universidade Católica de São Paulo (PUC-SP), em 1994, e doutora em Psicologia Social pela Universidade de São Paulo, em 2000, atualmente é professora da Escola de Administração de Empresas da Fundação Getúlio Vargas de São Paulo (EAESP-FGV). Foi sócia fundadora, diretora e supervisora do Instituto Pichon-Rivière de São Paulo de Psicologia Social.

Dedica-se aos temas de desenvolvimento humano em processos grupais articulado à formação do gestor, colaborando na disciplina Formação Integrada à Sustentabilidade (FIS), do Centro de Sustentabilidade (CES) da FGV, que atende aos Princípios para a Educação Responsável em Gestão Empresarial, uma iniciativa da Organização das Nações Unidas (ONU) para a gradual integração dos temas de responsabilidade social corporativa e sustentabilidade em todas as escolas de negócios do mundo.

Curriculum poiético*

O universo dos contos de fada esteve presente desde a infância de Ideli. Próximo à sua casa, na Vila Madalena, zona oeste de São Paulo, havia um campo de terra nua onde grupos de ciganos acampavam suas caravanas. À noite, em seu berço, a menina imaginava atravessar um portal que se abria na parede e chegar ao acampamento cigano vestindo sandálias prateadas. O festival de cores ciganas encantou e impregnou seu estilo de vestir, viver e sonhar.

Arteterapeuta e contadora de histórias desde tenra idade, embora sem consciência desse legado, o que só se deu na idade adulta ao utilizar esse recurso que cura tantos corações em níveis sutis e simbólicos. Em seu processo vivido como artista de ikebana, descobriu como equilibrar e embelezar, por meio das flores e da intencionalidade de quem as arranja, os processos interpessoais no ambiente.

Constelação sistêmica foi outro recurso que se somou à sua experiência como psicóloga social e coordenadora de grupos operativos.

No contato com povos da Ásia e da Europa Oriental, vivenciou e estudou os sistemas de energias que atuam nas forças de recuperação natural do organismo e da interioridade das pessoas, bem como na formação de gestores e gestoras, com suas ferramentas e seu jeito próprio de fazer negócios, diferentes e, no entanto, complementares, o que significa dizer que não há melhor ou pior, mas, sim, uma peculiaridade necessária para ativar a força e plenitude de cada um para que, dessa forma, ambos possam concorrer para o bem-estar do sistema humano.

---

* Para Hegel, em sua visão sobre arte, "poiesis" é quando uma pessoa, por meio de sua produção artística, sente-se como se estivesse em sua própria casa, ou seja, o mundo e ela própria se tornam uma só e mesma coisa. É, nesse processo de identificação que podemos experimentar uma profunda felicidade.

Foi em 2008, durante o processo de conclusão da especialização em Arteterapia, que Ideli integrou mais fortemente, seus dois veios, ao usar histórias e a criatividade artística. Em seu estudo com pacientes em situação de vulnerabilidade física e psíquica, em um hospital público no estado de São Paulo, constatou que a arte, quando utilizada como instrumento terapêutico, oferece oportunidades para que os pacientes explorem problemas ou potencialidades pessoais, estimulando um viver com um aumento de qualidade nos mais diferentes níveis. Em seu percurso, agregou seu conhecimento a sistemas integrados. É nesse processo de descobrir-se, maravilhar-se, conhecer-se que se dá a transformação que Ideli L. Domingues propõe.

Impresso por :

Graphicum
gráfica e editora
Tel.:11 2769-9056